JN105791

多様な働き方に対応した

労使協定
のつくり方

荻原 勝 著

経営書院

はじめに

　人事管理を円滑に行うためには、労働組合の理解と協力が必要不可欠です。新しい制度を導入したり、あるいは既存の制度を変更したりする場合には、その必要性と内容を労働組合に説明し、合意内容を労使協定として取りまとめたうえで実施に移すことが望ましいといえます。

　一方、最近は、経営環境の変化や勤労者の意識と生活行動の多様化・個性化を反映して、働き方が多様化しています。テレワーク（在宅勤務）の著しい普及や、副業・兼業（サイドワーク）を容認する会社の増加は、その代表例です。

　本書は、働き方の多様化に対応する労使協定を中心にして、労使協定のつくり方を解説したものです。制度の内容を踏まえて、次の11章の構成としました。

いずれの労使協定も、はじめにその趣旨を簡潔にコメントしたうえで、協定に盛り込むべき内容を解説しました。そのうえで、協定例を掲載しました。

　実務書は、ビジネスの現場において使用されるものであるため、分かりやすさが求められます。本書の執筆に当たっては、分かりやすさに十分配慮しました。

　高齢化・少子化の進展をはじめとして、経営環境は、日々変化しています。勤労者の価値観やライフスタイルも、多様化と個性化の傾向を強めています。

　このような中で、人事制度の多様化は、今後もさらに進み、労使協定の登場も増えると思われます。

　労使協定を適宜適切に結ぶことは、労使の信頼関係の形成にとって、きわめて重要です。

　本書が労使協定の企画と締結、労使の信頼関係の形成において役に立つことができれば幸いです。

　最後に、本書の出版に当たっては、経営書院の皆さんに大変お世話になりました。ここに記して、厚く御礼申し上げます。

2023年春

荻原　　勝

目　　次

第6章　フリーランス・業務委託等に関する労使協定……159

第7章　海外出張・海外駐在に関する労使協定…………173

第8章　不正防止と懲戒に関する労使協定……………191

第 **1** 章

給与に関する労使協定

第1節

昇給率の最低保障の労使協定

① 労使協定の趣旨

　給与（賃金）は、社員とその家族の生活を支える重要な労働条件です。このため、どの労働組合も昇給に最大の力を注いでいます。

　昇給の方法には、

　・毎年1回定期的に行う

　・随時行う

の2つがあります。いずれを採用するかは、それぞれの会社の自由ですが、

　・4月から新しい年度が始まる

　・4月に新入社員が入社する

などの理由から、多くの会社が毎年4月に昇給を行っています。

　「組合員の生活を守る」という労働組合の立場からすると、4月の定期昇給において一定率以上の昇給が行われるのが望ましいといえます。そこで組合は会社に対して定期昇給における昇給率（あるいは、昇給額）の最低保障を要求します。

　組合から昇給率の最低保障の要求が出されたときは、誠実に対応すべきです。

② 協定の内容

(1) 保障の方法

　保障の方法には、図表に示すようなものがあります。保障の方法を協定します。

図表　昇給の最低保障の方法

	例
昇給率方式	給与の最低2％昇給を保障する
昇給額方式	月額最低3,000円の昇給を保障する
昇給率・額併用方式	給与の最低1％＋1,000円昇給を保障する
その他	給与が一定額以下の者に限定して一定率以上の昇給を保障する

(2) 保障の内容

　昇給率方式を選択したときは、保障の率を協定します。昇給額方式を選択したときは、保障の額を協定します。

③ 労使協定例

○○年○○月○○日

○○株式会社取締役社長○○○○

○○労働組合執行委員長○○○○

昇給率に関する労使協定

　○○株式会社（以下、「会社」という。）と○○労働組合（以下、「組合」という。）は、定期昇給における昇給率の最低保障について、

次のとおり協定する。

　会社は、４月の定期昇給において、すべての組合員の昇給率を１％以上とすることを保障する。ただし、次に掲げる者は、この限りではない。

①　昇給の算定期間における出勤率（所定勤務日数に対する勤務日数の割合）が50％以下の者

②　昇給の算定期間において懲戒処分を受けた者

　本協定の有効期間は、○○年○○月○○日から１年とする。ただし、会社または組合が有効期間満了の２ヶ月前までに、相手方に対して異議を唱えないときは、さらに１年有効とし、以後も同様とする。

以上

第2節

昇給率の格差制限の労使協定

① 労使協定の趣旨

　労働組合の行動理念の１つは「平等」です。労働条件が全組合員について平等でないと、組合員の結束を維持することができないからです。結束が維持されないと、組合運動を強力に展開していくことができません。

　これを昇給についていえば、昇給率が全組合員について平等であることが必要です。ある組合員の昇給率が１％にも達しないというのに、ある組合員の昇給率は10％を超えるという状態は、組合にとって好ましいことではありません。

　昇給における平等性の確保という観点から、組合から昇給率の格差制限について要求が出されることがあります。要求が出されたときは、誠実に対応することが必要です。

② 協定の内容

　定期昇給における最高の昇給率と最低の昇給率との格差の上限を協定します。格差の上限は数値で具体的に示すことが必要です。「格差はできる限り小さくするように努める」というような抽象的な表現では組合は納得しないでしょう。

　最高昇給率と最低昇給率との格差をどの程度とするかは大変難しい問題ですが、一般的・常識的に判断して2倍か3倍程度に留めるのが適切でしょう。

図表　昇給率の格差（格差の倍率が3倍の場合）

○最低昇給率が1％のとき➡最高昇給率3％
○最低昇給率が2％のとき➡最高昇給率6％
○最低昇給率が3％のとき➡最高昇給率9％

---

③　労使協定例

○○年○○月○○日

○○株式会社取締役社長○○○○

○○労働組合執行委員長○○○○

昇給率の格差制限に関する労使協定

　○○株式会社（以下、「会社」という。）と○○労働組合（以下、「組合」という。）は、定期昇給における昇給率の格差制限について、次のとおり協定する。

　会社は、4月の定期昇給において、組合員の最高の昇給率を最低の昇給率の3倍以内とする。ただし、次に掲げる者はこの限りではない。

①　昇給の算定期間における出勤率（所定勤務日数に対する勤務日数の割合）が50％以下の者
②　昇給の算定期間において懲戒処分を受けた者

　本協定の有効期間は、○○年○○月○○日から1年とする。ただ

し、会社または組合が有効期間満了の 2 ヶ月前までに、相手方に対して異議を唱えないときは、さらに 1 年有効とし、以後も同様とする。

以上

第3節
家族手当の廃止と子ども手当の支給の労使協定

① 労使協定の趣旨

　多くの会社が扶養家族を持つ社員に対して家族手当を支給しています。家族手当は、代表的な手当といえます。ところが、近年は、

・配偶者が働く世帯が増加している

・少子化の中で、育児を支援する必要性が高まっている

など、家族手当をめぐる状況が変化しています。

　このような中で、家族手当を廃止し、子ども手当を支給する会社が出ています。

　家族手当の廃止と子ども手当の支給については、労働組合の理解を得て実施するのが望ましいといえます。

② 協定の内容

(1) 家族手当の廃止

　家族手当を廃止することを協定します。

(2) 子ども手当の支給基準

　子ども手当の支給基準を協定します。

図表　子ども手当の支給方式

	例
順位方式	第1子　15,000円 第2子　8,000円 第3子以下　1人につき5,000円
人数方式	1人のとき　15,000円 2人のとき　25,000円 3人のとき　30,000円
同額方式	1人につき10,000円
その他	

③　労使協定例

○○年○○月○○日

○○株式会社取締役社長○○○○

○○労働組合執行委員長○○○○

家族手当の廃止と子ども手当の支給に関する労使協定

　○○株式会社と○○労働組合は、家族手当の廃止と子ども手当の支給について、次のとおり協定する。

⑴　家族手当の廃止

　会社は、○○年○月○日をもって家族手当を廃止する。

⑵　子ども手当の支給

　会社は、○○年○月○日から、次の基準により子ども手当を支給する。

　　　第1子　15,000円

　　　第2子　8,000円

　　　第3子以下　1人につき5,000円

以上

第4節

介護手当の支給の労使協定

① 労使協定の趣旨

　高齢化が急速に進展しています。これに伴い、介護を必要とする家族を介護している社員が確実に増加しています。中には、両親2人を介護している社員もいることでしょう。

　要介護者に対しては、要介護の状態に応じて、介護保険制度によってホームヘルパーの派遣をはじめとし、さまざまなサービスが行われます。しかし、介護保険ですべての必要なサービスが提供されるわけではないでしょう。介護費用の負担に苦しんでいる社員もいることでしょう。

　介護手当は、要介護の家族を介護している社員に対して一定額の手当を支給するというものです。高齢化社会にふさわしい制度です。

　労使が協力して、要介護家族を抱える社員の支援に積極的に取り組むことが望まれます。

図表　介護手当の効果

○要介護家族を介護する社員を経済的に支援できる
○要介護家族を介護する社員の勤労意欲を高められる
○会社のイメージアップを図れる
○その他

② 協定の内容

介護手当の額を協定します。

図表　介護手当の決め方

	例
順位方式	1人目　10,000円 2人目　8,000円
人数方式	1人の場合　10,000円 2人の場合　15,000円
同額方式	1人につき　8,000円

③ 労使協定例

○○年○○月○○日

○○株式会社取締役社長○○○○

○○労働組合執行委員長○○○○

介護手当の支給に関する労使協定

　○○株式会社と○○労働組合は、介護手当の支給について、次のとおり協定する。

　会社は、○○年○月○日から、次の基準により介護手当を支給する。

　　　　要介護家族が1人のとき　　　　10,000円

　　　　要介護家族が2人のとき　　　　16,000円

　　　　要介護家族が3人以上のとき　　20,000円

以上

第5節

残業手当の算定基準の労使協定

① 労使協定の趣旨

　当然のことですが、業務の都合で社員に対して残業（時間外労働）を命令したときは、その時間数に応じて残業手当（時間外労働手当）を支払うことが必要です。

　残業手当は、労働基準法の定めるところにより、適正に算定しなければなりません。

　残業手当の算定基準について、労使間で確認しておくことが望ましいといえます。

② 協定の内容

(1) 算定基礎給

　残業手当は、各人の所定内給与を基礎として算定します。ただし、図表に示すものは、算定基礎給から除外することが認められています。

図表　算定基礎給に含めなくてもいいもの

① 家族手当

② 通勤手当

③ 別居手当

④ 子女教育手当

⑤ 住宅手当（住宅に要する費用に応じて算定されるものに限る）

⑥ 臨時に支払われる賃金

⑦ 1ヶ月を超える期間ごとに支払われる賃金（賞与等）

⑵　割増率

　残業手当の割増率は25％（60時間を超える部分については、50％）です。

③　労使協定例

○○年○○月○○日

○○株式会社取締役社長○○○○

○○労働組合執行委員長○○○○

残業手当の算定基準に関する労使協定

　○○株式会社（以下、「会社」という。）と○○労働組合（以下、「組合」という。）は、残業手当について、次のとおり協定する。

1　残業手当の算定式

　1時間当たりの残業手当は、次の算式により算定する。

　残業手当＝{（所定内給与。ただし、家族手当、通勤手当を除く）／

　　　　　　1ヶ月平均所定勤務時間数}×割増率

2　増率

　割増率は25％とする。ただし、60時間を超える部分については、50％とする。

3　端数の取り扱い

　1ヶ月の残業時間において1時間未満の端数があるときは、30分未満については切り捨て、30分以上は1時間に切り上げる。

　本協定の有効期間は、○○年○○月○○日から1年とする。ただし、会社または組合が有効期間満了の2ヶ月前までに、相手方に対して異議を唱えないときは、さらに1年有効とし、以後も同様とする。

以上

第6節

新幹線通勤手当の労使協定

① 労使協定の趣旨

新幹線通勤は、社員にとって、

・高速である

・在来線に比較して混雑度が低く快適である

などのメリットがあります。

新幹線ネットワークの整備、運行本数の増加、さらには地方都市における住宅地の開発などに伴って、新幹線を利用して通勤する者が増加しています。

新幹線通勤手当を支給するときは、その取り扱いについて労使で合意を形成しておくことが望ましいといえます。

② 協定の内容

(1) 新幹線通勤手当の支給条件

新幹線通勤手当は、

・定期券代が高いこと

・遠距離通勤について、一定の歯止めを掛ける必要のあること

などから、一定の条件を設けるのが適切でしょう。

図表　新幹線通勤手当の支給条件の例

> （1）　自宅の最寄り駅と会社の最寄り駅との距離が50km以上150km以内であること
>
> （2）　在来線を利用すると2時間以上かかること
>
> （3）　持家から通勤すること

⑵　支給額

　支給額の算定基準を協定します。非課税限度額を上限とするのが現実的です。

図表　支給額の算定式の例

> （1）　新幹線だけで通勤する場合
>
> 　　　新幹線通勤手当＝新幹線通勤定期券代×0.8
>
> （2）　新幹線のほか、新幹線の乗降駅まで在来線を利用する場合
>
> 　　　新幹線通勤手当＝新幹線通勤定期券代×0.8＋在来線定期券代×1.0

③　労使協定例

○○年○○月○○日

○○株式会社取締役社長○○○○

○○労働組合執行委員長○○○○

新幹線通勤手当の支給基準に関する労使協定

　○○株式会社（以下、「会社」という。）と○○労働組合（以下、「組合」という。）は、新幹線通勤手当の支給基準に関して、次のとおり協定する。

1　新幹線通勤手当の支給条件

　新幹線通勤手当は、次の条件を満たす者に支給する。

(1)　自宅の最寄り駅と会社の最寄り駅との距離が50km以上150km以内であること

(2)　在来線を利用すると2時間以上かかること

(3)　持家から通勤すること

2　支給額

　支給額は、次の算式で算定する。ただし、いずれも非課税限度額以内とする。

(1)　新幹線だけで通勤する場合

　　　新幹線通勤手当＝新幹線通勤定期券代×0.8

(2)　新幹線のほか、新幹線の乗降駅まで在来線を利用する場合

　　　新幹線通勤手当＝新幹線通勤定期券代×0.8

　　　　　　　　　　＋在来線定期券代×1.0

3　支給期間

　新幹線通勤手当は、3ヶ月分ずつ支給する。

　本協定の有効期間は、○○年○○月○○日から1年とする。ただし、会社または組合が有効期間満了の2ヶ月前までに、相手方に対して異議を唱えないときは、さらに1年有効とし、以後も同様とする。

　　　　　　　　　　　　　　　　　　　　　　　　　　　　以上

```
第 7 節

自動車通勤手当の労使協定
```

① 労使協定の趣旨

自動車通勤は、

・自宅から直接会社まで行ける

・プライバシーを保って通勤できる

・暑い日や寒い日でも、冷暖房で快適に通勤できる

などのメリットがあります。このため、会社に駐車スペースを確保することのできる会社（大都市の郊外や地方都市の会社）では、多くの社員が自動車通勤をしています。

自動車通勤を認めている会社は、通勤手当の取り扱いについて、労使で合意しておくことが望ましいでしょう。

② 協定の内容

(1) 自動車による通勤

はじめに、自動車で通勤できる条件を定めます。

図表　自動車通勤の条件例

①	運転免許を取得していること
②	自動車保険に加入していること
③	自宅から会社までの距離が50㎞以内であること

(2)　通勤手当の決め方

　自動車通勤手当の決め方には、主として次に示す3つの方法があります。これらのうち、ガソリン代実費方式を選択するのが合理的です。

図表　自動車通勤手当の決め方

①	ガソリン代の実費を支給する
②	公共交通機関の通勤定期券代を支給する
③	距離の区分に応じて一定額を支給する（5㎞未満➡○円、5〜10㎞未満➡○円、10〜15㎞未満➡○円……）
④	その他

(3)　ガソリン代実費の算定式

　ガソリン代の実費を支給する場合、次の算式で算定するのが合理的です。

　自動車通勤手当＝（片道走行距離×2×1ヶ月平均勤務日数÷燃費）
　　　　　　　　　　×ガソリン代単価

③　労使協定例

○○年○○月○○日

○○株式会社取締役社長○○○○

○○労働組合執行委員長○○○○

自動車通勤手当の支給基準に関する労使協定

　○○株式会社（以下、「会社」という。）と○○労働組合（以下、「組合」という。）は、自動車通勤手当の支給基準に関して、次のとおり協定する。

1　自動車による通勤

　次の条件を満たす者は、会社に届け出ることにより、自動車で通勤することができる。

(1)　運転免許を取得していること

(2)　自動車保険に加入していること

(3)　自宅から会社までの距離が50㎞以内であること

2　自動車通勤手当の支給基準

　自動車で通勤する者に対しては、自動車通勤手当を支給する。自動車通勤手当の算定は次による。

自動車通勤手当＝（片道走行距離×２×１ヶ月平均勤務日数÷燃費）×ガソリン代単価

（注）①　走行距離は、最短経路による。

　　　②　燃費は10㎞／ℓとする。

　　　③　ガソリン代単価は、石油情報センター調査のレギュラーガソリン代単価とする。

　本協定の有効期間は、○○年○○月○○日から１年とする。ただし、会社または組合が有効期間満了の２ヶ月前までに、相手方に対して異議を唱えないときは、さらに１年有効とし、以後も同様とする。

以上

第 8 節

給与の欠勤等控除の労使協定

① 労使協定の趣旨

会社の立場からすると、欠勤や遅刻・早退がないことが理想です。しかし、さまざまな事情で欠勤や遅刻・早退をする社員が出ます。

欠勤や遅刻。早退については、「ノーワーク・ノーペイ」の原則に基づいて給与を控除します。給与の控除は、懲戒処分という性格もあります。

社員や労働組合の立場からすると、給与の控除がどのような基準で行われるかは、重要な関心事項です。

欠勤等の給与控除について、労使で合意を形成しておくことが望ましいといえます。

② 協定の内容

(1) 欠勤控除

欠勤控除には、

・所定内給与（基本給＋諸手当）の日割り相当分を控除する

・基本給の日割り相当分を控除する

の 2 つがあります。

⑵　遅刻・早退控除

　遅刻・早退控除には、図表に示すような方法があります。

図表　遅刻・早退控除の方法

	例
切り上げ方式	10分未満はすべて10分に切り上げる
切り下げ方式	10分未満はすべて切り捨てる
切り上げ・切り下げ併用方式	10分未満は10分に切り上げ、10分以上20分未満は10分に切り下げる

（注）切り上げ・切り下げの単位時間を10分とした場合。

③　労使協定例

○○年○○月○○日

○○株式会社取締役社長○○○○

○○労働組合執行委員長○○○○

給与の欠勤等控除に関する労使協定

　○○株式会社（以下、「会社」という。）と○○労働組合（以下、「組合」という。）は、給与の欠勤、遅刻および早退の控除に関して、次のとおり協定する。

1　欠勤控除

　欠勤したときは、所定内給与の日割り相当分を控除する。

2　遅刻・早退控除

　1日につき、10分未満は10分に切り上げ、10分以上20分未満は10分

に切り下げる時間計算により、所定内給与を控除する。

　本協定の有効期間は、○○年○○月○○日から1年とする。ただ
し、会社または組合が有効期間満了の2ヶ月前までに、相手方に対し
て異議を唱えないときは、さらに1年有効とし、以後も同様とする。

以上

第9節

中高年社員の給与の労使協定

① 労使協定の趣旨

　年齢は、給与の決定において大きな比率を占めています。このため、社員の平均年齢が高くなると、給与の支払総額が増加します。給与の支払総額の増大は、経営にとって大きな負担です。

　売上や受注が順調に伸びれば給与の負担が増加しても十分に耐えることができますが、現在のような厳しい経営環境の中で売上や受注を伸ばすことは容易ではありません。

　会社は、社員の中高年齢化に伴う給与の支払額の増加に一定の歯止めを掛けることが必要です。

　給与の負担増を抑制する目的で中高年社員の給与カーブについて一定の修正措置を講じるときは、労働組合の理解を得ておくことが必要です。労働組合の理解を得ることなく、会社の意志で一方的に中高年社員の給与カーブの修正を行うと、労使の信頼関係を損なうことになります。また、中高年社員の勤労意欲にも好ましくない影響を与えます。

② 協定の内容

　中高年社員の給与について講じる措置の内容を協定します。措置としては、一般的に図表に示すようなものがあります。

図表　中高年社員の給与上の措置

○50歳、または55歳以上の社員の昇給率を一般社員の昇給率より低くする

○50歳、あるいは55歳以上の社員の昇給停止

○55歳以上は、毎年基本給を数パーセント引き下げる

○50歳、あるいは55歳以上は、家族手当、住宅手当等の生活関連手当の金額を減額する

○50歳、あるいは55歳以上は生活関連の手当は支給しない

○その他

---

③　労使協定例

〇〇年〇〇月〇〇日

〇〇株式会社取締役社長〇〇〇〇

〇〇労働組合執行委員長〇〇〇〇

中高年社員の給与に関する労使協定

〇〇株式会社（以下、「会社」という。）と〇〇労働組合（以下、「組合」という。）は、中高年社員の給与に関して、次のとおり協定する。

〇〇年4月1日以降、50歳以上の社員については定期昇給を行わず、55歳以上の社員については、家族手当および住宅手当を支給しない。

本協定の有効期間は、〇〇年〇〇月〇〇日から1年とする。ただし、会社または組合が有効期間満了の2ヶ月前までに、相手方に対して異議を唱えないときは、さらに1年有効とし、以後も同様とする。

以上

第 **2** 章

多様な働き方に関する
労使協定

第1節

選択型テレワークの労使協定

① 労使協定の趣旨

　2020年の初頭に新型コロナ感染症が全国的に拡大してから、政府や
地方自治体が交通機関と職場の３密解消の目的でその実施を積極的に
呼びかけたこともあり、テレワーク（リモートワーク・在宅勤務）は
急速に普及しました。それまでもテレワークを実施している会社はあ
りましたが、その数は限定されていました。

　テレワークには、

　・仕事に集中し、業務の効率化を図れる

　・交通機関の混雑を緩和できる

　・通勤に伴う身体的・精神的な疲労を解消できる

などのメリットがあります。

　しかし、その一方で、

　・社員の業務管理が難しくなる

　・社員が孤独感・寂寥感を感じる

　・副業をする社員が出る

などの問題点も指摘されています。

　テレワークを実施するときは、その内容について労使でコンセンサ
ス（合意）を形成しておくことが望ましいといえます。

② 協定の内容

(1) 対象者

　対象者は、次のいずれかの業務をパソコンを駆使して、単独で遂行できる者とするのが現実的です。

　・専門的知識を必要とする業務

　・企画業務（経営企画、業務企画、商品企画、その他）

(2) 命令型と選択型

　テレワークについては、

　・会社の命令で行わせる（命令型）

　・本人の申出によって行わせる（選択型）

の2つがあります。

　社員の中には、家庭環境、住宅事情がテレワークに適していない者もいるでしょう。また、「家庭は憩いの場・安らぎの場である。家庭では会社の仕事はしたくない」と考えている者もいるでしょう。したがって、新型コロナの感染拡大が深刻である場合を除き、テレワークは社員各人の選択制とするのが適切でしょう。

(3) 勤務場所

　テレワークは、原則として自宅で行うこととします。

(4) 自宅以外でのテレワークの費用負担

　自宅以外の施設（レンタルルームなど）でテレワークをするときは、施設の利用料や自宅から施設までの交通費などが必要となります。これらの費用の負担関係を協定します。

⑸　勤務時間・休日・休暇

①　勤務時間

勤務時間の取り扱いについては、主として

・社内勤務と同じとする

・フレックスタイム制とする

の 2 つがあります。

テレワーク社員の業務管理を円滑に行うという観点から判断すると、社内勤務と同一とするのがよいでしょう。

（協定例①）

○勤務時間は、社内勤務と同一とする。

（協定例②）

○勤務時間は、フレックスタイム制とし、始業時刻等は次のとおりとする。

　　始業時間帯＝午前 8 〜10時

　　終業時間帯＝午後 3 〜 8 時

　　コアタイム＝午前10〜午後 3 時

　　労働時間の清算期間＝ 1 ヶ月

　　清算期間の所定労働時間＝ 8 時間×清算期間の所定勤務日数

（協定例③）

○勤務時間は、午前 8 時から午後 8 時の間において 8 時間勤務するものとする。午前10時から午後 3 時の間は、必ず勤務しなければならない。

（協定例④）

○勤務は、午前 8 時から午後 8 時の間において行うものとする。 1 日の勤務時間は各人の決定に委ねる。 1 ヶ月の所定勤務時間は、次のとおりとする。

　　1 ヶ月の所定勤務時間＝ 8 時間× 1 ヶ月の所定勤務日数

（協定例⑤）

○テレワーク社員は、会社と労働組合との間において協定されたフ
　レックスタイム制に従って勤務するものとする。

　② **休日**

　テレワーク社員の業務管理を円滑に行うため、休日は社内勤務と同
一とします。

　③ **休暇**

　年次有給休暇その他の休暇は、就業規則に定めるところによるもの
とします。

　年休を取得するときは、あらかじめメール等で届け出るように求め
ます。

　④ **残業**

　残業（時間外労働）は、会社と労働組合とが協定した時間の範囲で
行うように周知徹底します。

図表　テレワークの勤務時間管理のポイント

- ・勤務時間帯（始業時刻、終業時刻、休憩時間）は、社内勤務と同じと
　する。
- ・始業時刻、終業時刻および休憩時間を毎日記録させる。
- ・36協定の範囲内で残業をさせる
- ・勤務時間中の業務の中断（いわゆる中抜け）を禁止する。

⑹　勤務時間中の業務の中断

　当然のことですが、社員は、勤務時間中は業務に専念する義務を
負っています。個人的な目的のために業務を中断することは許されま
せん。

　ところが、テレワークの場合には、「会社や上司の目が届かない」
という安心感から、個人的な目的で業務を中断することがあります。

銀行や郵便局に行ったり、コンビニに買い物に出かけたりすることがあります。いわゆる「中抜け」です。

　この中抜けを防止するための有効な対策はないといわれますが、一定の取扱基準を協定しておくべきでしょう。

図表　業務中断の協定例

(協定例①➡社員は、勤務時間中は業務に専念しなければならない。個人的な目的のために業務を中断してはならない。
(協定例②➡テレワークの社員は、勤務時間中は業務に専念しなければならない。個人的な目的のために業務を1時間以上中断するときは、あらかじめ電話またはメールで会社に届け出なければならない。
(協定例③➡社員は、勤務時間中は業務に集中・専念しなければならない。個人的な目的のために業務を1時間以上中断したときは、勤務時間記録表にその時間を記録しなければならない。

(7)　深夜・休日勤務の原則禁止

　テレワークは、社内勤務に比較して社員の自由度・裁量度の高い勤務形態です。したがって、深夜勤務や休日勤務が行われやすいといわれます。しかし、深夜勤務と休日勤務は、本来的に望ましいものではありません。

　このため、深夜勤務と休日勤務は原則禁止とするのがよいでしょう。やむを得ず深夜または休日に仕事をするときは、事前に会社に届け出ることを求めます。

図表　深夜・休日勤務の協定例

協定例①➡テレワーク社員の健康を確保するため、深夜勤務および休日勤務は禁止する。やむを得ない事情でするときは、業務の内容および時間数等をあらかじめ会社に届け出なければならない。
協定例②➡業務の都合によって深夜または休日に勤務するときは、事前に会社の許可を得なければならない。
協定例③➡深夜勤務および休日勤務は、合わせて1ヶ月5回以内とする。これを超えるときは、事前に会社の許可を得なければならないものとする。

⑻　勤務時間の記録

　会社は、テレワークについてもその勤務時間を適切に把握する義務を負っています。そこで、社員に対して、

①　日々始業時刻、終業時刻および休憩時間を記録すること

②　勤務時間の記録を毎月会社に提出すること

を求めます。

⑼　勤務時間の算定

　労働基準法は、「労働者が労働時間の全部または一部について、事業場外において業務に従事し、労働時間を算定することが困難であるときは、原則として所定労働時間労働したものとみなす」と定めています（第38条の2第1項）。

　したがって、テレワークについては、所定勤務時間勤務したものとみなします。

　勤務時間の算定については、実務的に、

①　所定勤務時間勤務したものとみなす（所定みなし）

②　所定勤務時間を超える一定時間勤務したものとみなす（所定外みなし）

③　社員が申告した時間、勤務したものとして取り扱う

の3つがあります。

　テレワークの社員の勤務時間が長くなるのを抑制するという観点から判断すると、所定みなし制を採用するのがよいでしょう。

　これに対して、テレワークの社員が日常的・恒常的に、一定時間残業をしており、かつ、一定時間だけ残業をしなければ担当業務を遂行することができないときは、所定外みなし制を採用するのがよいでしょう。

　例えば、1日9時間程度勤務しなければ担当の業務を遂行することができないときは、「9時間勤務したものとみなす」と協定します。

図表　勤務時間算定の協定例

協定例①➡勤務時間は、所定勤務時間勤務したものとみなす。
協定例②➡勤務時間は、1日9時間勤務したものとみなす。
協定例③➡勤務時間は、社員が申告した時間とする。

⑽　業務報告の出社

　会社は、社員の業務の進捗状況と結果を適宜適切に把握する必要があります。このため、テレワークをする者に対して、週に1回、出社して業務報告をすることを義務付けるのがよいでしょう。

図表　テレワーク社員の業務管理の方法

・毎日、電話やメールで報告させる。 ・毎日、オンラインで報告させる。 ・週に1回程度、出社して報告させる。 ・随時オンラインで報告させる。 ・随時、会社から電話、メール等で業務の進捗状況を問い合わせる。

⑪　通勤手当

　通勤手当は支給しないものとします。業務報告などのために出社したときは、交通費の実費を支払います。

⑫　出社命令

　重要な会議の開催その他、業務上必要であるとき出社を命令することがあることを協定に明記しておくのがよいでしょう。

⑬　副業

　テレワークの場合には、
　・通勤時間がゼロとなるので、時間的に相当のゆとりが出る
　・誰にも監視されていないという安心感がある
　・少しでも収入を増やしたいという欲望がある
などから、副業（サイドワーク）をする者が出るといわれます。
　勤務時間外をどのように過ごすかは、本来的に各人の自由です。会社には、社員の副業を禁止する権利はありません。しかし、副業の内容や時間数によっては、業務に影響を及ぼす可能性があります。
　副業の取り扱いについて、協定を結んでおくのが賢明です。
（協定例１）
○副業をするときは、あらかじめその内容を会社に届け出なければならない。ただし、次の副業はしてはならない。
　　①　長時間に及ぶ副業
　　②　会社と同じ業種での副業
　　③　会社の信用と名誉を傷つけるもの
　　④　危険度の大きいもの
（協定例２）
○会社は、業務に支障を与えない範囲において副業をすることを容認

する。

（協定例 3 ）

○副業をするときは、その業務および時間数等を会社に申告するもの
とする。なお、会社は、次のものについては、いっさい責任を負わ
ない。

　　① 　副業先とのトラブル

　　② 　副業先の顧客とのトラブル

　　③ 　副業による経済的損失

　　④ 　副業先への往復中の事故

⒁　テレワークの許可の取り消し

　テレワークの大きな目的は、新型コロナウィルスの感染が社会的に
急拡大していたときは、交通機関と職場の 3 密を緩和することでし
た。政府や自治体のトップが会社に対してテレワークの導入・実施を
強く呼びかけたことは、まだ記憶に新しいことです。

　しかし、現在、テレワークの最大の目的は、「 3 密の回避・緩和」
から「業務の効率化」へとシフトしています。通勤に伴う身体的・精
神的な負担とストレスを解消し、時間を有効に活用することにより、
業務を効率的に遂行することが大きな目的となっています。

　業務の効率化が図られなければ、テレワークを実施する意味はあり
ません。

　また、テレワークの場合には、社員の業務管理が相当程度難しくな
ります。このため、社員が会社に対して、業務の進捗状況と結果を積
極的・自主的に報告することが強く要求されます。

　社員が会社の期待に応えていないときは、テレワークの許可を取り
消すことがあることを協定に盛り込むのがよいでしょう。

（協定例 1 ）

○社員が次のいずれかに該当するときは、テレワークの許可を取り消

すことがある。

　　①　業務の効率が良くないとき

　　②　業務の報告が良くないとき。正確さを欠くとき

　　③　業務に関する会社の指示に従わないとき

　　④　その他テレワークについて問題のあるとき

（協定例2）

○業務の成績（業務の質、業務の量）が会社の期待に達していないときは、テレワークの承認を解除し、社内勤務に復帰することを命令することがある。

⒂　テレワーク手当

　会社の中には、テレワークに対して、

　・単独で、自己の裁量と判断で業務を遂行する

　・重要度の高い業務を遂行する

　・みなし労働時間制の適用により、残業収入が減少する

　・在宅時間の増加に伴う光熱費や通信費を補償する

などにより、手当を支給しているところがあります。

　テレワーク手当を支給するときは、その支給額を協定するのがよいでしょう。

③　労使協定例

　　　　　　　　　　　　　　　　　　　○○年○○月○○日

　　　　　　　　　　　　　　　　　○○株式会社取締役社長○○○○

　　　　　　　　　　　　　　　　　○○労働組合執行委員長○○○○

テレワークに関する労使協定

○○株式会社（以下、「会社」という。）と○○労働組合（以下、

「組合」という。）は、テレワークについて、次のとおり協定する。

1　テレワークの対象者

　次のいずれかの業務をパソコンを駆使して、単独で遂行できる者は、会社に届け出ることにより、テレワークをすることができる。
　　①　専門的知識を必要とする業務
　　②　企画業務（経営企画、業務企画、商品企画、その他）

2　テレワークの場所

　テレワークは、原則として自宅で行うものとする。

3　自宅以外でのテレワークの費用負担

　自宅以外の施設でテレワークをする場合、それに要する費用（施設の利用料、交通費等）は、本人負担とする。

4　勤務時間・休日・休暇

(1)　勤務時間、休日および休暇は、就業規則の定めるところによるものとする。
(2)　勤務時間中は、業務に専念しなければならない。個人的な目的のために業務を 1 時間以上中断するときは、あらかじめ電話またはメールによって会社に連絡しなければならない。
(3)　年次有給休暇を取得するときは、あらかじめ会社に届け出なければならない。

5　深夜・休日勤務の原則禁止

　深夜勤務および休日勤務は、原則として禁止する。やむを得ない事情によってするときは、あらかじめ会社に届け出なければならない。

6　勤務時間の記録

日々始業時刻、終業時刻および休憩時間を記録し、これを毎月会社に提出しなければならない。

7　勤務時間の算定

勤務時間については、労働基準法の定めるところにより、所定勤務時間勤務したものとみなす。

8　業務報告の出社

社員は、週に1回、業務報告のために出社しなければならない。

9　通勤手当

通勤手当は支給しない。業務報告などのために出社したときは、交通費の実費を支払う。

10　出社命令

会社は、業務上必要であるとき出社を命令することがある。

11　副業

(1)　副業をするときは、あらかじめその内容を届け出なければならない。

(2)　次に掲げる副業は禁止する。

　　①　長時間に及ぶ副業

　　②　会社と同じ業種での副業

　　③　会社の信用と名誉を傷つけるもの

　　④　危険度の大きいもの

12　テレワークの許可の取り消し

　社員が次のいずれかに該当するときは、テレワークの許可を取り消すことがある。

①　業務の効率が良くないとき

②　業務の報告が良くないとき。正確さを欠くとき

③　業務に関する会社の指示に従わないとき

④　その他テレワークについて問題のあるとき

　本協定の有効期間は、○○年○○月○○日から１年とする。ただし、会社または組合が有効期間満了の２ヶ月前までに、相手方に対して異議を唱えないときは、さらに１年有効とし、以後も同様とする。

以上

第 2 節

選択型勤務時間制度の労使協定

① 労使協定の趣旨

　勤務時間については、就業規則において 1 つだけ特定しているのが一般的です。例えば、「始業・午前 9 時、終業・午後 6 時」というように特定し、それによってすべての社員を勤務させます。

　これに対して、複数の勤務時間を設定し、それらのいずれかを社員に選択させるものを「勤務時間選択制度」（セレクティブタイム制度）といいます。例えば、

　・午前 8 時始業～午後 5 時終業

　・午前 9 時始業～午後 6 時終業

　・午前10時始業～午後 7 時終業

という 3 つを用意し、社員一人ひとりにそのいずれかを選択させます。

　この制度を円滑に実施するため、労使協定を結びます。

図表　選択型勤務時間制度の効果

・勤務時間に対する社員の多様な希望に応えられる
・勤務時間を有効に活用して業務の効率化を図れる
・残業時間を短縮できる

② 協定の内容

(1) 勤務時間の種類

はじめに勤務時間の種類を協定します。種類は、2～4つ程度とするのが現実的でしょう。

図表　勤務時間の種類

2種類の場合	3種類の場合	4種類の場合
・午前8時始業～午後5時終業 ・午前10時始業～午後7時終業	・午前8時始業～午後5時終業 ・午前9時始業～午後6時終業 ・午前10時始業～午後7時終業	・午前8時始業～午後5時終業 ・午前9時始業～午後6時終業 ・午前10時始業～午後7時終業 ・午前11時始業～午後8時終業

(2) 選択期間

選択期間を協定します。期間については、1ヶ月、3ヶ月、6ヶ月、1年などがあります。

③ 労使協定例

〇〇年〇〇月〇〇日

〇〇株式会社取締役社長〇〇〇〇

〇〇労働組合執行委員長〇〇〇〇

勤務時間に関する労使協定

〇〇株式会社（以下、「会社」という。）と〇〇労働組合（以下、

「組合」という。）は、勤務時間について、次のとおり協定する。

1　勤務時間の種類

　勤務時間は次の 3 種類とする。社員は、いずれかを選択して勤務するものとする。

　①　午前 8 時始業〜午後 5 時終業
　②　午前 9 時始業〜午後 6 時終業
　③　午前10時始業〜午後 7 時終業

2　勤務時間の選択期間

　勤務時間の選択期間は、次のとおりとする。社員は、各期間の初日までに勤務時間を選択し、これを会社に届け出るものとする。

　　　第 1 期　　4 月 1 日〜 6 月30日
　　　第 2 期　　7 月 1 日〜 9 月30日
　　　第 3 期　　10月 1 日〜12月31日
　　　第 4 期　　1 月 1 日〜 3 月31日

3　期間中の勤務時間の変更

　期間の途中における勤務時間の変更は、原則としてできないものとする。

　本協定の有効期間は、○○年○○月○○日から 1 年とする。ただし、会社または組合が有効期間満了の 2 ヶ月前までに、相手方に対して異議を唱えないときは、さらに 1 年有効とし、以後も同様とする。

以上

第3節

フレックスタイム制の労使協定

① 労使協定の趣旨

　フレックスタイムは、始業時刻と終業時刻を社員自身に決めさせるという柔軟な勤務時間制度です。勤務時間の有効活用による業務の効率化などさまざまな効果が期待できる制度です。

　しかし、制度の設計や運用・管理が適切でないと、社員に不利益が生じる可能性があります。そこで、労働基準法は、制度の実施に当たっては対象者の範囲や労働時間の清算期間など一定の事項について労使協定を結ぶことを定めています（第32条の3）。

表　フレックスタイム制度の協定例

協定事項	協定例
対象者	次の部門に所属する総合職の社員 事務部門／企画部門／営業部門／研究開発部門
労働時間の清算期間	21日〜翌月20日の1ヶ月
標準労働時間	8時間
清算期間の所定労働時間	8時間×清算期間の所定勤務日数
コアタイム	午前10時〜午後3時
フレキシブルタイム	・始業時間帯　　午前8時〜10時 ・終業時間帯　　午後3時〜8時

図表　フレックスタイム制の効果

- ・勤務時間の有効活用により、業務の効率化を図れる
- ・社員の自主性・主体性を尊重する制度であるため、勤労意欲の向上を図れる
- ・勤務時間の有効活用により、残業時間を短縮できる
- ・遅刻に対する緊張感を解消できる
- ・通勤ラッシュを避けて通勤することが可能となる
- ・社員の時間意識を高めることができる

② 協定の内容

(1)　対象者の範囲

①　フレックスタイム制が適している業務

はじめに、フレックスタイム制を適用する対象者の範囲を協定します。

この制度は、

- ・何時から何時まで働くか
- ・1 日何時間働くか

を社員自身に決めさせるという柔軟な勤務形態です。したがって、この制度に適している業務と適していない業務とがあります。

フレックスタイム制が適しているのは、担当者の裁量性の大きい業務です。どのような方法で業務を進めるか、どの作業にどの程度の時間を配分するかが、担当者の判断に委ねられている業務です。一般的には、事務部門、企画部門、営業部門、研究開発部門などの業務です。

これに対して、

- ・一般の消費者を対象とする販売や接客の業務

　・補助的な業務

　・定型的、反復的な要素の強い業務

は、適していません。

②　協定例

協定例を示すと、次のとおりです。

（協定例 1 ）

○フレックスタイム制は、次の部門に所属する総合職の社員に適用する。

　　事務部門／企画部門／営業部門／研究開発部門

（協定例 2 ）

○フレックスタイム制は、次の業務に従事する社員に適用する。

　　①　企画業務（経営企画、業務企画、商品企画）

　　②　研究業務

（協定例 3 ）

○営業および企画業務に従事する社員は、フレックスタイム制によって勤務することができる。

⑵　勤務時間の清算期間

①　清算期間の趣旨

　フレックスタイム制の場合には、日によって 1 日の勤務時間が異なることになります。 1 日 9 時間、10時間勤務する日もあれば、 4 時間、 5 時間程度で終わる日もあります。 1 週の勤務時間も、週によって異なります。

　このように、 1 日および週の勤務時間が日・週によって異なることになるため、勤務時間の清算期間を協定することになっています。

　労働基準法は、勤務時間の清算期間を「 3 ヶ月以内」と定めています。 3 ヶ月以内であれば法的には問題はないわけですが、

　・給与の形態として、月給制が広く普及している

・業務の目標を１ヶ月単位で決めることが多い

・清算期間を長くすると、管理が煩雑となる

などを考慮すると、１ヶ月とするのが合理的・現実的でしょう。

②　協定例

協定例を示すと、次のとおりです。

（協定例１）

○勤務時間の清算期間は、毎月21日から20日までの１ヶ月とする。

（協定例２）

○勤務時間の清算期間は２ヶ月とし、その初日は、１月１日、３月１
　日、５月１日、７月１日、９月１日および11月１日とする。

（協定例３）

○勤務時間の清算期間は３ヶ月とし、その初日は、４月１日、７月１
　日、10月１日および１月１日とする。

(3)　標準勤務時間

労働基準法は、標準勤務時間を協定すべきことを定めています。社
員が次のいずれかに該当するときは、標準勤務時間勤務したものとし
ます。

・年次有給休暇その他の有給休暇を取得したとき

・事業場外で業務に従事し、勤務時間を算定し難いとき

(4)　清算期間の所定勤務時間

通常の勤務の場合には、所定勤務時間は１日を単位として決めま
す。これに対して、フレックスタイムの場合は、清算期間を単位とし
て決めます。

所定勤務時間は、「標準勤務時間×清算期間の所定勤務日数」とい
う算式で決めるのが合理的です。

図表　清算期間の所定勤務時間

所定勤務日数が18日の月 ➡ 8 時間×18 ＝ 144時間

所定勤務日数が19日の月 ➡ 8 時間×19 ＝ 152時間

所定勤務日数が20日の月 ➡ 8 時間×20 ＝ 160時間

所定勤務日数が21日の月 ➡ 8 時間×21 ＝ 168時間

(注) 標準勤務時間を 8 時間とした場合

⑸　コアタイム

①　コアタイムの趣旨

職場では、役職者による部下への業務の指示命令、部下から役職者への業務の報告・相談が日常的に行われます。また、業務の指示命令や情報の共有などを目的とする会議も頻繁に開かれます。

指示命令や報告・相談、会議の開催を効率的に行うためには、「全員が勤務しているべき時間帯」を設けるのが便利です。この時間帯をコアタイムといいます。

なお、コアタイムの時間が長すぎると、勤務時間決定の自由度が少なくなるので、問題です。一般的に判断して、コアタイムは 3 ～ 5 時間程度（休憩時間を除く）とするのが適切でしょう。

②　欠勤・遅刻・早退

コアタイムを設けると、欠勤、遅刻および早退はコアタイムを基準として取り扱われることになります。

コアタイムにまったく勤務しなかったときは、欠勤です。

コアタイムの開始時刻に遅れて業務を開始したときは、遅刻です。コアタイムの終了の前に業務を終えたときは、早退です。

③　協定例

協定例を示すと、次のとおりです。

（協定例 1 ）

○コアタイムは、午前10時から午後 3 時までとする。この時間帯は必

ず勤務しなければならない。コアタイムにまったく勤務しなかった
ときは欠勤、開始時刻より遅れて勤務したときは遅刻、終了時刻の
前に勤務を終えたときは早退とする。

（協定例2）

○勤務していなければならない時間帯は、午前10時から午後3時とす
る。この時間帯に勤務しないとき、または遅れるときは、あらかじ
め届け出なければならない。

(6)　フレキシブルタイム

①　始業時間帯と終業時間帯

フレキシブルタイムは、始業時間帯と終業時間帯とから構成されま
す。

社員は、始業時間帯の任意の時刻から業務を開始し、終業時間帯の
任意の時刻に業務を終えることになります。

時間帯が短いと、社員の選択の幅が少なくなるのでフレックスタイ
ム制の趣旨に沿わないことになります。一般的に判断して、時間の幅
は2～5時間程度とするのが好ましいでしょう。

②　協定例

協定例を示すと、次のとおりです。

（協定例1）

○フレキシブルタイムは、次のとおりとする。

　　始業時間帯　　　午前8～10時

　　終業時間帯　　　午後3～7時

（協定例2）

○始業時間帯は午前7時から10時まで、終業時間帯は午後3時から8
時までとする。社員は、始業時間帯の任意の時刻から業務を開始
し、終業時間帯の任意の時刻に業務を終了させるものとする。

⑺　フレキシブルタイム外・休日勤務の取り扱い

①　長時間勤務の抑制

　勤務時間は、一般的に長くなりがちです、しかし、勤務時間が長くなると健康を損なう可能性があります。ストレスも高まります。

　会社は、勤務時間が長くなるのを防ぐことが必要です。そのための1つの工夫がフレキシブルタイム前後と休日の勤務の制限です。すなわち、始業時間帯の前の勤務、終業時間帯の終了後の勤務、休日の勤務について、

・事前の届出制とする

・許可制とする

・1ヶ月の回数の上限を設ける

など、何らかの抑制措置を講じることが望まれます。

　フレキシブルタイム外の勤務と休日勤務を社員の自由意志に委ね、会社として特に抑制措置は講じないというのは、勤務時間の適正管理、社員の健康管理という観点から判断すると好ましいものではないでしょう。

②　協定例

　フレキシブルタイム外・休日勤務の抑制措置に関する協定例を示すと、次のとおりです。

（協定例1）

○社員は、次の場合にはあらかじめ会社に届け出なければならない。

　　①　始業時間帯の前、または終業時間帯の後に勤務するとき

　　②　休日に勤務するとき

（協定例2）

○始業時間帯前の勤務、終業時間帯後の勤務および休日勤務は、合わせて1ヶ月6回までとする。業務の都合により6回を超えるときは、あらかじめ会社に届け出なければならない。

（協定例 3 ）

○社員は、健康のため、深夜および休日に勤務してはならない。

⑧　超過時間の取り扱い

①　時間外勤務の取り扱い

　会社の立場からすると、社員が勤務時間を上手に活用して、所定勤務時間の範囲で、会社が指示命令した業務を確実に遂行してくれることが理想です。しかし、実際には、業務の量が多いこともあり所定勤務時間を上回ることがあります。例えば、所定勤務時間が 1 ヶ月160時間であるのに、勤務時間が180時間、190時間になることがあります。

　通常勤務の場合には、終業時刻が全員同じであるため、終業時刻になると、誰もが「仕事が終わった」と実感します。ところが、フレックスタイムの場合には、終業時刻がはっきりしていないので、勤務時間が長くなりがちです。

　勤務時間が所定勤務時間を超えたときは、その超えた時間を時間外勤務（残業）とし、時間外勤務手当（残業代）を支払うことが必要です。

　例えば、清算期間の所定勤務時間が160時間であるときに、180時間勤務した社員に対しては、20時間を時間外勤務として取り扱い、20時間分の時間外勤務手当を支払うことが必要です。

　所定勤務時間を超えた勤務時間を次の清算期間に繰り越すことは認められていません。

②　協定例

　協定例を示すと、次のとおりです。

（協定例 1 ）

○勤務時間が所定勤務時間を超えたときは、その超えた時間を時間外勤務として取り扱う。社員は、著しい超過時間が生じることのない

ように努めなければならない。

（協定例 2 ）

○時間外勤務は、清算期間における所定勤務時間を超えた勤務時間と
　する。

⑼　不足時間の取り扱い

①　繰り越しと給与のカット

　社員は、所定勤務時間勤務する義務があります。しかし、実際に
は、勤務時間が所定勤務時間に不足する社員が出ます。

　例えば、所定勤務時間が160時間である月に、勤務時間が150時間で
あるというケースです。

　勤務時間を毎日正確に記録し、累計の時間数を意識して勤務すれ
ば、所定勤務時間に不足するということは避けることができるはずで
す。しかし、全員が几帳面に記録するとは限りません。このため、不
足という事態が発生するのでしょう。

　不足時間の取り扱いには、

　・次の清算期間に繰り越す

　・不足時間に相当る給与をカットする

　・一定時間までは次期に繰り越し、それを超える部分については給
　　与をカットする

などがあります。

②　協定例

　協定例を示すと、次のとおりです。

（協定例 1 ）

○勤務時間が所定勤務時間に不足したときは、その不足時間を次の清
　算期間に繰り越すものとする。社員は、不足時間を生じさせないよ
　うに努めなければならない。

（協定例2）

○勤務時間が所定勤務時間に不足したときは、その不足時間に相当する給与を控除する。

（協定例3）

○勤務時間が所定勤務時間に不足したときは、その不足時間を次の清算期間に繰り越す。ただし、20時間を超える部分については、その時間に相当する給与を控除する。

⑩　勤務時間の記録

　フレックスタイム制の場合も、使用者は社員の勤務時間を把握する義務があります。勤務時間の把握は、社員の自己申告によるのがよいでしょう。毎日の始業時刻、終業時刻、勤務時間等を記録し、これを毎月会社に提出すべきことを協定します。

⑪　勤務時間の指定

　重要な会議の開催、社員研修の実施、出張など、業務上必要であるときは、特定時刻から特定時刻までの勤務を命令することがある旨を協定するのがよいでしょう。

⑫　フレックタイム制の適用の停止

①　業務の効率化と時間管理

　会社は、コストを低下させるために業務を効率的に遂行することが必要です。コストを削減し、取引先や消費者に安い価格で商品・サービスを提供することが他社との競争に勝利するための最大のポイントです。他社との競争関係が激しくなればなるほど、業務の効率化が要求されます。

　フレックスタイム制の導入・実施の最大の目的は、社員一人ひとりが、限られた勤務時間を有効に活用して業務を効率的に遂行すること

です。

　業務の効率が良くないということは、時間の使い方に問題があるということでありフレックスタイム制に適していないことを意味します。

　また、合理的・説得的な理由がないにもかかわらず、しばしば勤務時間と所定勤務時間との間に相当の過不足を発生させる者も、フレックスタイム制の適用になじまないといえるでしょう。

　②　協定例

　フレックスタイム制に適していないと認められる者に制度を適用すると、職場の業務や人間関係に好ましくない影響を与える可能性があります。「フレックスタイム制の適用には問題がある」と認められる者に対しては適用を停止し、通常勤務への復帰を命令することがある旨を協定することも必要でしょう。

　協定例を示すと、次のとおりです。

（協定例 1 ）

○社員が次のいずれかに該当するときは、フレックスタイム制の適用を停止し、通常の勤務への復帰を命令することがある。

　　①　業務の効率が良くないとき

　　②　業務の報告、連絡が良くないとき

　　③　勤務時間の記録・申告に問題のあるとき

　　④　勤務時間の管理能力に欠けると認められるとき

　　⑤　その他フレックスタイム制の適用に問題があると認められるとき

（協定例 2 ）

○合理的な理由がないにもかかわらず、勤務時間と所定勤務時間との間にしばしば相当の過不足を発生させるときは、フレックスタイム制の適用を解除することがある。

③　労使協定例

○○年○○月○○日
○○株式会社取締役社長○○○○
○○労働組合執行委員長○○○○

フレックスタイム制に関する労使協定

　○○株式会社（以下、「会社」という。）と○○労働組合（以下、「組合」という。）は、フレックスタイム制について、次のとおり協定する。

1　対象者

　事務部門、企画部門、営業部門および研究開発部門に所属する総合職の社員

2　勤務時間の清算期間

　21日から翌月20日までの1ヶ月間

3　標準勤務時間

　8時間とする。対象社員が次のいずれかに該当するときは、標準勤務時間勤務したものとみなす。

　①　年次有給休暇その他の有給休暇を取得したとき
　②　社外で業務に従事し、勤務時間を算定し難いとき

4　清算期間中の所定勤務時間

　　所定勤務時間＝8時間×清算期間中の所定勤務日数

5　コアタイム

午前10〜午後 3 時（正午〜午後 1 時は休憩）とする。

　この時間帯は必ず勤務しなければならない。コアタイムにまったく勤務しなかったときは欠勤、開始時刻より遅れて勤務したときは遅刻、終了時刻の前に勤務を終えたときは早退とする。

6　フレキシブルタイム

　　　始業時間帯　　午前 8 時〜10時
　　　終業時間帯　　午後 3 時〜 8 時

7　勤務時間の単位

15分とする。

8　勤務時間の記録

　対象社員は日々始業時刻、終業時刻および勤務時間数を記録し、これを清算期間終了後速やかに会社に提出しなければならない。

9　フレキシブルタイム外の勤務等

　対象社員は、次の場合にはあらかじめ会社に届け出なければならない。

　①　始業時間帯の前、または終業時間帯の後に勤務するとき
　②　休日に勤務するとき

10　超過時間の取り扱い

　清算期間の勤務時間が所定勤務時間を超過したときは、超過した時間を残業として取り扱い、残業料を支払う。

11　不足時間の取り扱い

清算期間の勤務時間が所定勤務時間に不足したときは、不足時間を次の清算期間に繰り越すものとする。ただし、不足時間が20時間を超えるときは、その超える時間に相当する基本給をカットする。

12　勤務時間の指定

会社は、緊急事態の発生その他業務上必要であるときは、フレックスタイム制の適用を停止し、特定時刻から特定時刻までの勤務を命令することがある。

13　フレックスタイム制の適用の停止

社員が次のいずれかに該当するときは、フレックスタイム制の適用を停止し、通常の勤務への復帰を命令することがある。

① 業務の効率が良くないとき

② 業務の報告、連絡が良くないとき

③ 勤務時間の記録・申告に問題のあるとき

④ 勤務時間の管理能力に欠けると認められるとき

⑤ その他フレックスタイム制の適用に問題があると認められるとき

本協定の有効期間は、○○年○○月○○日から1年とする。ただし、会社または組合が有効期間満了の2ヶ月前までに、相手方に対して異議を唱えないときは、さらに1年有効とし、以後も同様とする。

以上

第 4 節

選択型週休 3 日制の労使協定

① 労使協定の趣旨

(1) 選択型週休 3 日制とは

　現在は週休 2 日制が一般的ですが、やがて週休 3 日制の時代になるといわれています。すでに週休 3 日制にチャレンジしている会社もあります。

　会社として、

　・週休 2 日制による勤務

　・週休 3 日制による勤務

の 2 つを用意し、社員にいずれかを選択させる勤務制度を「選択型週休 3 日制」といいます。

　選択型週休 3 日制には、図表に示すようなメリットがあります。

　この制度は、新しい勤務時間制度です。したがって、労働組合の理解を得て実施するのが良いでしょう。

図表　選択型週休 3 日制のメリット

○社員に多様な働き方を提供することができる
○会社のイメージアップを図れる
○その他

⑵　週休 3 日制の形態

なお、週休 3 日制には選択型のほかに図表に示すようなものがあります。

図表　選択型以外の週休 3 日制

	例
全社一律週休 3 日制	
職務限定型週休 3 日制	専門職に限定して週休 3 日制を適用する
段階的週休 3 日制	1 年目は月 1 回の週休 3 日制、2 年目は月 2 回の週休 3 日制、3 年目は月 3 回の週休 3 日制……とする

② 協定の内容

⑴　週休 3 日制による勤務の期間

週休 3 日制によって勤務することのできる期間については、1 ヶ月、3 ヶ月、6 ヶ月、1 年などがあります。本人が希望すれば、期間を延長できるものとします。

⑵　週休 3 日の曜日

週休日を協定します。

⑶　勤務日の勤務時間

勤務日の勤務時間は、週休 2 日制で勤務する者とのバランスを考慮して10時間とします（10時間× 4 日＝週40時間）。

③　労使協定例

〇〇年〇〇月〇〇日
〇〇株式会社取締役社長〇〇〇〇
〇〇労働組合執行委員長〇〇〇〇

週休 3 日制に関する労使協定

　〇〇株式会社（以下、「会社」という。）と〇〇労働組合（以下、「組合」という。）は、週休 3 日制について、次のとおり協定する。

1　週休 3 日制による勤務
　社員は、会社に届け出ることにより週休 3 日制によって勤務することができる。ただし、総務部所属の社員は除く。

2　週休 3 日制による勤務の期間
　週休 3 日制によって勤務することのできる期間は、1 回の届出につき 6 ヶ月とする。ただし、その期間は、何回でも延長することができる。

3　週休 3 日の曜日
　週休日は、金曜、土曜および日曜とする。

4　勤務日の勤務時間
　勤務日の勤務時間は、午前 9 時～午後 8 時（休憩 1 時間）とする。

　本協定の有効期間は、〇〇年〇〇月〇〇日から 1 年とする。ただし、会社または組合が有効期間満了の 2 ヶ月前までに、相手方に対して異議を唱えないときは、さらに 1 年有効とし、以後も同様とする。

以上

労働時間の管理と時短に関する労使協定

第 1 節

残業計画の労使協定

① 労使協定の趣旨

　会社の経営にはさまざまな経費が必要ですが、中でも人件費は相当の割合を占めています。人件費をどのようにして管理するかは、どの会社にとっても大きな経営課題です。

　多くの会社は、正社員の人員は必要最小限に抑え、仕事が忙しいときは社員に残業を命令するという経営スタイルを採用しています。

　会社は、労働組合との間で協定（時間外労働協定）を結び、これを労働基準監督署に届け出れば、その協定の範囲において、業務の必要に応じて残業を命令することができます。また、社員（組合員）は、残業命令に従う義務を負っています。

　残業は、社員の生活と健康に大きな影響を及ぼすため、必要最小限に留めるのが理想です。残業が安易に行われるのを抑制するため、残業計画の作成を協定するのがよいでしょう。

② 協定の内容

　毎月、経営計画・生産販売計画に基づいて、部門ごとに残業計画を作成し、これを組合に示すことを協定します。

(参考) 残業計画 (○年○月)

部門	一人平均残業時間	前年同月の残業時間	前年同月比	備考

③ 労使協定例

○○年○○月○○日

○○株式会社取締役社長○○○○

○○労働組合執行委員長○○○○

残業計画に関する労使協定

　○○株式会社 (以下、「会社」という。) と○○労働組合 (以下、「組合」という。) は、残業計画について、次のとおり協定する。

　会社は、毎月、部門ごとの一人平均の残業時間計画を作成し、これを組合に提示する。経営上の必要によって残業計画を変更したときは、変更した内容を提示する。

　本協定の有効期間は、○○年○○月○○日から1年とする。ただし、会社または組合が有効期間満了の2ヶ月前までに、相手方に対して異議を唱えないときは、さらに1年有効とし、以後も同様とする。

以上

第 2 節

残業命令の労使協定

① 労使協定の趣旨

会社の経営を円滑に進めていくうえで、残業は必要不可欠です。

残業は、社員の生活と健康に大きな影響を与えます。したがって、残業の命令は、適正に行われる必要があります。

社員（組合員）の生活と健康の維持という観点から判断すると、残業の命令について、「時間外労働協定」（いわゆる36協定）とは別に一定の協定を結ぶことが望ましいといえます。

② 協定の内容

残業を命令するに当たって会社が留意すべき事項を協定します。例えば、次のような事項です。

- ・残業日の前日までに、業務の内容と残業時間数などを対象者に通知すること
- ・事前に通知した時間数を超えないようにすること
- ・特定の者に残業が集中しないようにすること
- ・残業が 2 時間を超えるときは、途中で休憩を与えること
- ・次に掲げる者への残業命令はできる限り控えること
    - ○小学校入学前の子を養育している者

　　　○家族を介護している者
　　　○傷病休職から復職して1ヶ月未満の者
　・その他

③　労使協定例

○○年○○月○○日
○○株式会社取締役社長○○○○
○○労働組合執行委員長○○○○

残業の命令に関する労使協定

　○○株式会社（以下、「会社」という。）と○○労働組合（以下、「組合」という。）は、残業の命令について、次のとおり協定する。

　会社は、社員に対する残業の命令について、次の事項に留意するものとする。
　①　残業日の前日までに、業務の内容と残業時間数などを対象者に通知すること
　②　事前に通知した時間数を超えないようにすること
　③　特定の者に残業が集中しないようにすること
　④　残業が2時間を超えるときは、途中で休憩を与えること
　⑤　残業が深夜に及ばないようにすること
　⑥　残業が深夜に及ばないようにすること
　⑦　3時間を超える残業が連続しないようにすること
　⑧　残業が終了したときは、直ちに帰宅させること
　⑨　次に掲げる者への残業命令はできる限り控えること
　　　○小学校入学前の子を養育している者
　　　○家族を介護している者

　　○傷病休職から復職して1ヶ月未満の者

　本協定の有効期間は、○○年○○月○○日から1年とする。ただし、会社または組合が有効期間満了の2ヶ月前までに、相手方に対して異議を唱えないときは、さらに1年有効とし、以後も同様とする。

以上

第 3 節

残業の自己申告制の労使協定

① 労使協定の趣旨

⑴　残業時間の把握

　残業時間は、タイムカード、IC カードなどによって客観的に把握することが望ましいとされています。

　しかし、事務、営業や専門的知識を必要とする業務（商品開発、技術その他）では、業務の進め方を本人の裁量に委ねているという性格上、残業時間については、社員自身の申告制を採用しているところが多いのが現状です。

⑵　正確な申告

　自己申告制は、社員が申告した時間を「正規の残業時間」として取り扱い、申告された時間に対して残業代を支払うというものです。

　社員は、残業時間を正しく申告すべきです。2 時間残業をしたときは、「2 時間残業をした」と申告すべきです。1 ヶ月40時間残業をしたときは、その旨申告すべきです。

　ところが、実際には、「正しく申告したら、人事考課において不利になるのではないか」などの思惑から、過少申告するケースが多いといわれます。

　残業の自己申告制を採用するときは、過少申告対策について労使協定を結ぶのが望ましいといえます。

② 協定の内容

(1)　残業時間の把握の方法

　はじめに、残業時間は自己申告によって把握することを協定します。

（協定例）

○会社は、社員の自己申告によって残業時間を把握する。社員は、残業をしたときは、その時間を正しく申告しなければならない。

(2)　残業時間の記録

　残業時間の申告が正しく行われるためには、残業をした都度、その時間数を正確に記録しておくことが必要です。正確な記録がないと、正確な申告は期待できません。

　残業をした都度、その時間数等を記録し、これを毎月会社に提出することを協定します。

（協定例1）

○社員は、残業をしたときは、その都度、次の事項を記録し、これを毎月会社に提出する。

　　① 　月日

　　② 　時間数（15分単位）

　　③ 　業務の内容

　　④ 　その他必要事項

（協定例2）

○1 　社員は、業務上必要であるときは、残業（時間外勤務）をしな

ければならない。

2　1ヶ月の残業時間は、会社と労働組合との間で協定した時間を超えてはならない。

3　残業をしたときは、その時間数、業務内容等を「残業時間申告表」に記載する。残業時間の単位は、15分とする。

4　残業時間申告表は、翌月の5日までに会社に提出しなければならない。

(3)　実態調査の実施

会社が「申告時間は過大または過少である」と判断したときは、実態調査を行うことを協定します。

（協定例1）

○会社は、業務の実績等から判断して、社員の申告した残業時間が過大または過少であると認めるときは、速やかに本人から事情を聴取するなどして、その実態を調査する。

（協定例2）

○会社は、申告された残業時間が過大または過少であると認められるときは、次の方法により、その実態を調査する。

　　①　始業・終業時刻の記録

　　②　役職者への聞き取り

　　③　本人への聞き取り

　　④　パソコンの使用履歴の調査

　　⑤　その他

（協定例3）

○1　会社は、残業（時間外勤務）の申告が正確に行われているかを随時調査する。

2　調査の結果、申告が過大または過少であると認められるときは、本人に対して正確な申告を指導する。

 3　会社は、必要と認めるときは、過少申告をした者に対して、過少申告時間に相当する残業代を過去に遡って支払う。

⑷　社員の指導

　実態調査の結果、申告時間が過大または過少であると確認されたときは、正しく申告するように指導します。

（協定例）

○会社は、実態調査の結果、申告のあった残業時間が過大または過少であると判断されたときは、本人に対して、正確に申告するよう指導を行う。

③　労使協定例

○○年○○月○○日

○○株式会社取締役社長○○○○

○○労働組合執行委員長○○○○

残業の自己申告制に関する労使協定

　○○株式会社（以下、「会社」という。）と○○労働組合（以下、「組合」という。）は、残業の自己申告制について、次のとおり協定する。

1　残業時間の把握

　会社は、社員の自己申告によって残業時間を把握する。

2　残業時間の記録

　社員は、残業をしたときはその時間数および業務内容等を正しく記録し、これを毎月会社に提出するものとする。

3　実態調査の実施

　会社は、申告された残業時間が過大または過少であると認められるときは、次の方法により、その実態を調査する。

①　始業・終業時刻の記録

②　役職者への聞き取り

③　本人への聞き取り

④　パソコンの使用履歴の調査

⑤　その他

4　正確な申告の指導

　会社は、申告時間数が過大または過少であった社員に対して、正確に申告するように指導する。

　本協定の有効期間は、○○年○○月○○日から1年とする。ただし、会社または組合が有効期間満了の2ヶ月前までに、相手方に対して異議を唱えないときは、さらに1年有効とし、以後も同様とする。

以上

第 4 節

ノー残業デーの労使協定

① 労使協定の趣旨

　残業は、本来的に、業務の量がきわめて多いときや、納期の短い仕事を受注したときなどに、一時的・臨時的に行われるべきものです。

　しかし、実際には、残業が日常的・恒常的に行われている会社や職場が少なくありません。また、平常時においても、社員一人平均の残業時間が 1 ヶ月30時間、40時間にも達する会社もあります。

　長時間残業は、社員の身体や精神の健康に良くありません。長時間残業が行われている会社は、残業の削減に組織的・計画的に取り組む必要があります。

　残業の削減にはさまざまな方策がありますが、その第一歩は「ノー残業デー」の実施であるといわれます。労使協定を結び、ノー残業デーの導入・定着に取り組むことが望まれます。

② 協定の内容

(1)　ノー残業デーの曜日

　ノー残業デーの曜日を協定します。水曜をノー残業デーとしている会社が多いといわれます。

⑵　実効性の向上策

　ノー残業デーの実効性を高めるための方策について協定するのがよいでしょう。

③　労使協定例

○○年○○月○○日

○○株式会社取締役社長○○○○

○○労働組合執行委員長○○○○

ノー残業デーに関する労使協定

　○○株式会社（以下、「会社」という。）と○○労働組合（以下、「組合」という。）は、ノー残業デーについて、次のとおり協定する。

1　ノー残業デー

　毎週水曜日をノー残業デーとする。当日は、緊急やむを得ない場合を除いて、残業を認めない。

2　労使による職場の巡回

　当日は、終業後労使の代表者が職場を巡回し、定時の退社を呼びかける。

　本協定の有効期間は、○○年○○月○○日から1年とする。ただし、会社または組合が有効期間満了の2ヶ月前までに、相手方に対して異議を唱えないときは、さらに1年有効とし、以後も同様とする。

以上

第 5 節

定額残業代制の労使協定

① 労使協定の趣旨

(1)　定額残業代制の目的

　会社の経営を円滑に進めていくうえで、残業（時間外労働）は必要不可欠です。

　社員に残業を命令したときは、その代償として残業手当を支払う必要がありますが、残業手当の計算日には相当の手間がかかります。1ヶ月の残業時間が、社員によって異なるし、月によっても異なるからです。社員数が多い会社では、残業手当の計算のために人事担当者が残業をしなければならないほどです。

　残業手当の計算に要する手間を簡略にすることを主たる目的として採用されているのが「定額残業代制」です。これは、あらかじめ一定時間の残業が行われることを前提として、それに相当する残業手当を給与に組み入れて支払うというものです。

　例えば、1ヶ月30時間の残業が1年を通して行われると見込んでその時間に相当する残業手当を給与に組み入れて毎月支払います。

(2)　定額残業代制の種類

　定額残業制度は、残業手当計算の手間を省けるというメリットのほ

かに、長時間残業を抑制できるというメリットもあります。このため、この制度を採用している会社が多いといわれます。

　定額残業代制には、主として次のようなものがあります。

図表　定額残業代制の種類

	例
基本給組み込み型	基本給の中に1ヶ月30時間分の残業手当を組み込む
別建て型	基本給とは別に、毎月30時間分の残業手当を支払う
休日勤務手当組み込み型	基本給の中に1ヶ月20時間分の残業手当と1日分の休日勤務手当を組み込む
通常期・繁忙期別方式	通常期は1ヶ月15時間分、繁忙期（3月、12月）は30時間分の残業手当を基本給に組み込む

② 協定の内容

(1) 基本給との関係

　はじめに、残業代の取り扱いを協定します、具体的には、

　・残業代を基本給の中に組み込む

　・基本給とは切り離して計上する（別建て型）

のいずれとするかを協定します。

　どちらを採用するかは労使の自由ですが、基本給組み込み型の場合には残業代が表面に出ないため、「残業代が支払われていない」と受け止める社員が出る可能性があります。

　一般に給与の明細はできる限り具体的に社員に知らせるのが好ましいといえます。このため、別建て型を採用するのがよいでしょう。

（協定例1）

○会社は、毎月、一定の残業時間（時間外勤務時間）に相当する金額を基本給とは別に残業代として支払う

（協定例2）

○会社は、一定の残業時間に相当する残業代を組み込んで基本給を決定する

(2)　見込み残業時間

①　見込み残業時間の決め方

次に、定額残業代算定の基礎となる1ヶ月の見込み残業時間数を協定します。見込み残業時間は、残業の実態を踏まえて決めることが必要です。

見込み残業時間の決め方には、図表に示すようなものがあります。

図表　見込み残業時間の決め方

①	全社員一律に決める
②	職種別に決める
③	総合職と一般職とに区分して決める
④	繁忙期と通常期とに区分して決める
⑤	その他

②　協定例

協定例を示すと、次のとおりです。

（協定例1）

○見込み残業時間（休日勤務を含む）は、年間を通して1ヶ月25時間とする

（協定例2）

○1ヶ月の見込み残業時間は、年間を通して次のとおりとする。

　　営業職、研究職、企画職　　30時間

　　　その他　　20時間

（協定例 3 ）

○見込み残業時間（ 1 ヶ月当たり）は、次のとおりとする。

　　　繁忙月（ 3 月、12月）　　40時間

　　　通常月　　20時間

⑶　見込み時間を超えた場合の取り扱い

　実際の残業時間が見込み残業時間を超えたときは、超えた時間に対して残業手当を追加的に支払うことが必要です。

　現在定額残業代制を実施している会社の中には、超過時間に対して追加的に残業手当を支払っていない会社があるといわれますが、そのような取り扱いは労働基準法に違反します。

（協定例 1 ）

○残業時間が見込み時間を超えたときは、見込み時間を超えた時間に対して、残業代を追加的に支払う

（協定例 2 ）

○受注量の増加、トラブルへの対応等によって残業時間が見込み時間を超えたときは、残業代を追加的に支払う

⑷　不足した場合の取り扱い

　実際の残業時間が見込み時間を下回ったときは、下回った時間に相当する残業手当を会社に返却する必要のないことを協定するのがよいでしょう。

（協定例）

○残業時間が見込み時間に達しなかったときは、見込み時間に達しなかった時間に相当する残業代を会社に返還する必要はない

③ 労使協定例

○○年○○月○○日

○○株式会社取締役社長○○○○

○○労働組合執行委員長○○○○

定額残業代制に関する労使協定

　○○株式会社（以下、「会社」という。）と○○労働組合（以下、「組合」という。）は、定額残業代制に関して、次のとおり協定する。

1　残業手当の定額支払

　会社は、組合員に対して、次の残業時間（休日勤務を含む）に相当する残業手当を毎月支払う。

　　　繁忙月（3月、12月）　　40時間

　　　通常月　　20時間

2　残業時間が見込み時間を超えたとき

　見込み時間を超えた時間に対して、残業代を追加的に支払う。

3　残業時間が見込み時間に達しなかった

　見込み時間に達しなかった時間に相当する残業代を会社に返還する必要はない。

　本協定の有効期間は、○○年○○月○○日から1年とする。ただし、会社または組合が有効期間満了の2ヶ月前までに、相手方に対して異議を唱えないときは、さらに1年有効とし、以後も同様とする。

以上

第6節

深夜残業の制限の労使協定

① 労使協定の趣旨

　社員の立場からすると、残業は早く終了するのが望ましいといえます。1時間程度で終わるのが好都合です。しかし、仕事がきわめて多いときは、深夜（午後10時以降）に及ぶことがあります。

　残業の終了時刻が深夜になれば、帰宅時間がそれだけ遅くなり、休息時間も短くなります。深夜に帰宅し、翌日も定時に出社するのは過酷です。ストレスも高まります。深夜残業ほど、負担の重いものはありません。

　社員の身体的・精神的な健康の維持、長時間残業の抑制という観点から判断すると、深夜残業を禁止するか、あるいは1ヶ月の回数を制限するのが適切です。

　労使協定で深夜残業の取り扱いを明確にします。

② 協定の内容

　制限の内容を協定します。例えば、

　・1ヶ月1回限り

　・1ヶ月2回まで

と協定します。

⑵　制限を超える場合の手続き

業務の都合で、制限を超えて深夜残業を命令するときの手続きを協定します。

③　労使協定例

○○年○○月○○日

○○株式会社取締役社長○○○○

○○労働組合執行委員長○○○○

深夜残業の制限に関する労使協定

○○株式会社（以下、「会社」という。）と○○労働組合（以下、「組合」という。）は、深夜残業の制限について、次のとおり協定する。

1　深夜残業の制限

　1ヶ月の深夜残業は、一人2回までとする。

2　制限を超える場合の手続き

　会社は、業務上やむを得ない事由により制限回数を超えて深夜残業を命令するときは、事前に組合に対して次の事項を申し出る。事前に申し出ることができないときは、事後速やかに報告するものとする。

⑴　制限を超えて深夜残業を命令する事由

⑵　業務の内容

⑶　対象人員

⑷　月日と時間数

⑸　その他必要事項

　本協定の有効期間は、〇〇年〇〇月〇〇日から１年とする。ただし、会社または組合が有効期間満了の２ヶ月前までに、相手方に対して異議を唱えないときは、さらに１年有効とし、以後も同様とする。

以上

第 7 節

残業抑制の労使協定

① 労使協定の趣旨

　会社の経営を円滑に進めていくうえで、残業は必要不可欠です。しかし、残業時間が長時間に及ぶのは好ましくありません。

　残業時間の長い会社は、残業の上限について、36協定の範囲内において一定の目標を定め、その上限時間を超えないように労使で取り組むことが望まれます。

　残業は、日常の業務と深く結び付いています。また、どの職場も人員は限られています。したがって、「残業時間を減らそう」という掛け声だけでは減るものではありません。一定の具体的な上限目標を掲げ、その達成のための具体的な措置を明確にし、労使一体で取り組むことにより、はじめて残業の抑制が可能となります。

② 協定の内容

⑴　上限時間の設定

　目標とする上限時間を協定します。設定には、

・年間を通じて、１ヶ月平均の残業時間（社員一人当たり）を○時間以内とする

　　・1ヶ月平均の上限時間を繁忙期と通常期に分けて設定する

　　・1ヶ月の残業時間が60時間を超える者をゼロとする

　　・会社全体の総残業時間の上限を設定する

　　・部門ごとに年間の総残業時間数を設定する

などがあります。

(2)　残業抑制のための措置

　残業時間を抑制するために講じる措置を協定します。

③　労使協定例

○○年○○月○○日

○○株式会社取締役社長○○○○

○○労働組合執行委員長○○○○

残業の抑制に関する労使協定

　○○株式会社（以下、「会社」という。）と○○労働組合（以下、「組合」という。）は、残業の抑制について、次のとおり協定する。

1　1ヶ月一人平均の上限時間

　1年を通じて、一人平均の残業時間を1ヶ月30時間とする。

2　残業抑制の措置

　残業を抑制するために、次の措置を講じる。

　①　業務内容の見直し

　②　業務の進め方、作業工程の改善

　③　パートタイマーの活用

　④　職務遂行能力向上のための社員研修

⑤　ノー残業デーの実施

⑥　代休の付与

⑦　深夜残業の原則禁止

⑧　休日労働の制限

⑨　その他必要な措置

3　組合への報告

組合に対して、毎月次の実績を報告する。

①　一人平均の残業時間数（全社、部門別）

②　残業時間が60時間を超えた社員数

　本協定の有効期間は、○○年○○月○○日から１年とする。ただし、会社または組合が有効期間満了の２ヶ月前までに、相手方に対して異議を唱えないときは、さらに１年有効とし、以後も同様とする。

以上

第8節

営業職の労働時間算定の労使協定

① 労使協定の趣旨

(1) みなし労働時間制の適用

　営業職の業務の特徴は、社外で行われることが多いということです。取引先や消費者の会社・自宅などにおいて、対面で商談をすることです。

　電話、メール、あるいはオンラインでも、商談は可能でしょう。しかし、そのような方法では、営業の成果はあまり期待できないでしょう。営業成績、営業の生産性・効率性を高めるには、対面による商談の方が有効です。

　営業職は、労働時間の一部または全部を事業場外において業務に従事するため、労働時間の把握が困難です。そこで、労働基準法は、事業場外労働について、「みなし労働時間制」の適用を認めています。

(2) みなし労働時間の種類

　みなし労働時間制には、

① 労働時間の管理を効率的に行える（労働時間の管理に手間がかからない）

② 全社員について統一的な時間管理ができる

③　営業職の残業時間が長時間に及ぶのを抑制できる

などのメリットが期待できます。したがって、営業職に対しては、み
なし労働時間制を適用するのがよいでしょう。

みなし労働時間制には、実務的に「所定みなし」と「所定外みな
し」の2つがあります。

図表　所定みなしと所定外みなし

所定みなし	就業規則で定められている所定労働時間労働したものとみなす
所定外みなし	所定労働時間に一定時間加算した時間労働したものとみなす。例えば、所定労働時間が8時間の場合、1時間加算して9時間労働したものとみなす

⑶　労使協定の締結

事業場外労働に従事する者に対するみなし労働時間制の適用につい
ては、労使協定の締結は必要要件とされているわけではありません。
労使協定が締結されていなくても、みなし労働時間制を適用すること
ができます。

しかし、労使協定が締結されていると、みなし労働時間制の実効性
（強制力）が一段と高まります。このため、営業職へのみなし労働時
間制の適用に関する労使協定を締結するのがよいでしょう。

②　協定の内容

⑴　みみなし労働時間の種類の選択

営業職がほぼ毎日定時に出社し、定時に退社しているときは所定み
なしを適用するのがよいでしょう。

これに対して、

　　・ほぼ毎日所定時間を超えて働いている場合

　　・所定時間を超えて働かなければ営業目標を達成できない場合

には、所定外みなしを採用すべきです。

⑵　所定外みなし労働時間の決め方

　所定外労働時間の決め方には、

　　・年間を通して同一とする

　　・繁忙期と標準期とに区分して決める

　　・取引先の区分（法人か、個人か）に応じて決める

などがあります。

⑶　所定労働時間を超える部分の取り扱い

　所定労働時間を超える部分については残業として取り扱い、残業代を支払うことを協定します。

　例えば、みなし労働時間を一日9時間としたときは、所定労働時間（8時間）を超える1時間を残業として取り扱い、残業代を支払います。

③　労使協定例

○○年○○月○○日

○○株式会社取締役社長○○○○

○○労働組合執行委員長○○○○

営業職の労働時間の算定に関する労使協定

　○○株式会社（以下、「会社」という。）と○○労働組合（以下、「組合」という。）は、営業職の労働時間の算定について、次のとおり協定する。

1　労働時間の算定

　営業職が労働時間の全部または一部について社外において業務に従事し労働時間を算定し難いときは、労働基準法の定めるところにより、みなし労働時間制を適用する

　みなし労働時間は、次のとおりとする。

　　　繁忙期（3月、12月）　　10時間

　　　通常期　　　9時間

2　所定労働時間を超える部分の取り扱い

　みなし労働時間が所定労働時間（8時間）を超える部分（1時間）については残業として取り扱い、残業代を支払う。

3　遅刻・早退の取り扱い

　遅刻・早退等によって労働しない時間があるときは、その時間をみなし労働時間から差し引くものとする。

　本協定の有効期間は、○○年○○月○○日から1年とする。ただし、会社または組合が有効期間満了の2ヶ月前までに、相手方に対して異議を唱えないときは、さらに1年有効とし、以後も同様とする。

以上

第9節

専門職の労働時間算定の労使協定

① 労使協定の趣旨

(1)　専門業務の労働時間管理

　経済の高度化・サービス化・ソフト化、国民の高学歴化が進んでいます。このような時代のトレンドの中で、

　　・新商品や新技術の研究、開発、

　　・情報システムの企画・設計

　　・衣服や広告等のデザイン

などの専門業務に従事する者が増加しています。

　専門知識を必要とする業務は、その性格上、会社が担当者に対して、業務の遂行法や時間配分について具体的な指示を出すことはきわめて困難です。業務をどのような方法で遂行するか、どの工程にどの程度の時間を配分するかは、担当者の裁量に委ねざるを得ません。したがって、その労働時間を正確に算定することは至難です。

　出社時刻と退社時刻は、タイムカードなどで把握できるとしても、実際の労働時間は把握できません。

　そこで、労働基準法は、労使で一定の事項を協定することを条件として専門業務に対してみなし労働時間制を適用することを認めています。

⑵　みなし労働時間制のメリット

　みなし労働時間制を適用することにより、専門業務に従事する社員の労働時間を統一的、効率的に管理することが可能になります。労働時間の管理に係る労力を削減することができます。

　専門業務は、その性格上「標準的な成果物」というものが存在しません。このため、「仕事の成果を高めたい」という思いから、とかく労働時間が長くなりがちです。しかし、みなし労働時間制を適用すれば、長時間労働に一定の歯止めを掛けることが期待できます。

　このため、労使協定を締結するのがよいでしょう。

②　協定の内容

⑴　協定の項目

　専門職に対してみなし労働時間制を適用するときは、労使で図表に示す事項を協定することが必要です。

図表　労使協定の事項

①	制度の対象とする業務
②	みなし労働時間
③	使用者は対象業務に従事する者に対して、業務を遂行する手段、時間配分等について、具体的な指示をしないこと
④	対象業務に従事する者の健康と福祉を確保するための措置を使用者が講じること
⑤	対象業務に従事する者の苦情を処理するための措置を使用者が講じること
⑥	健康と福祉の確保のために講じた措置および苦情の処理のために講じた措置の記録を協定の有効期間終了後 3 年間保存しておくこと
⑦	協定の有効期間

⑵　みなし労働時間

みなし労働時間の決め方には、

・1 年を通じて同じ時間とする

・繁忙期と通常期とに区分して決める

などがあります。業務の実態に応じて決めるべきです。

③　労使協定例

○○年○○月○○日

○○株式会社取締役社長○○○○

○○労働組合執行委員長○○○○

専門職の労働時間の算定に関する労使協定

○○株式会社（以下、「会社」という。）と○○労働組合（以下、「組合」という。）は、専門職の労働時間の算定について、次のとおり

協定する。

1　対象業務
(1)　情報システムの企画、設計
(2)　新商品・新技術の研究開発

2　みなし労働時間
(1)　繁忙期（3月、12月）　　10時間
(2)　通常期　　9時間

3　業務遂行の手段等の指示
　会社は、対象業務に従事する者に対しては、業務遂行の手段、時間配分等について、具体的な指示はしない。

4　健康と福祉の確保のための措置
　会社は、1ヶ月の残業時間が70時間を超えた者について、その健康と福祉を確保するために、次の措置を講じる。
(1)　年次有給休暇の取得の奨励
(2)　代休取得の奨励
(3)　本人が申し出た場合における産業医による健康相談

5　苦情の処理
　会社は、対象業務に従事する者から、業務に関する苦情が出されたときは、関係者の意見を聴くなどして誠実に対応する。

6　記録の保存
　会社は、次の記録を本協定の有効期間終了後3年間保存する。
(1)　対象業務の従事者の健康と福祉を確保するために講じた措置

⑵　苦情処理のために講じた措置

　本協定の有効期間は、○○年○○月○○日から 1 年とする。ただし、会社または組合が有効期間満了の 2 ヶ月前までに、相手方に対して異議を唱えないときは、さらに 1 年有効とし、以後も同様とする。

以上

第10節

勤務時間インターバルの労使協定

① 労使協定の趣旨

　仕事がきわめて忙しいときは、残業が夜の9時、10時に及ぶことがあります。あるいは、もっと遅くまで残業をしなければ仕事を処理することができないこともあるでしょう。遅くまで残業をしてから帰宅し、翌日定時に出社するというのは大変です。休息時間、睡眠時間が短くなるので身体的に疲労するのはもちろんのこと、ストレスも高まります。

　深夜に及ぶ残業の疲労を回復するためには、残業の終了時刻と翌日の出社時刻との間に一定の間隔（インターバル）を設ける必要があります。残業が長引いた場合に、翌日遅く出社することを認める制度を「勤務時間インターバル制度」といいます。

図表　勤務時間インターバルの例（インターバルが12時間の場合）

・夜9時まで残業をしたとき➡翌日午前9時に出社
・夜10時まで残業をしたとき➡翌日午前10時に出社
・夜11時まで残業をしたとき➡翌日午前11時に出社

② 協定の内容

⑴ インターバルの時間

　インターバルの時間を協定します。一般的には、10〜12時間程度とするのが適切でしょう。

⑵ 不就業時間の取り扱い

　インターバル制度を利用すると、翌日は始業時刻から相当遅れて出社することになります。始業時刻から出社時刻までの不就業時間の取り扱いを協定します。遅刻扱いとはしないことが望ましいといえます。

③ 労使協定例

○○年○○月○○日

○○株式会社取締役社長○○○○

○○労働組合執行委員長○○○○

勤務時間インターバル制度に関する労使協定

　○○株式会社（以下、「会社」という。）と○○労働組合（以下、「組合」という。）は、勤務時間インターバル制度について、次のとおり協定する。

1　残業とインターバル

　午後 9 時以降まで残業をした者は、残業終了時刻と翌日の出社時刻の間に12時間のインターバルを置くことができる。

2　不就業時間の取り扱い

　始業時刻から出社時刻までの不就業時間は遅刻扱いとはしない。したがって、給与は控除しない。

　本協定の有効期間は、○○年○○月○○日から１年とする。ただし、会社または組合が有効期間満了の２ヶ月前までに、相手方に対して異議を唱えないときは、さらに１年有効とし、以後も同様とする。

以上

第**4**章

年休・特別休暇に関する
労使協定

第 1 節

年休の計画的付与の労使協定

① 労使協定の趣旨

　年休（年次有給休暇）は、労働に伴う疲労の回復と私的な生活の充実を図るための重要な休暇制度です。

　年休は、本来的に、社員が時季を指定して会社に請求して取得すべき休暇です。社員は、年休のすべてを取得するのが理想です。ところが、「年休を取得すると、職場の同僚に迷惑を掛ける」「年休で休むと、仕事が溜まって忙しくなる」などの理由であまり取得しない社員が多く、全体の取得率はそれほど高くはありません。

　労働基準法は、労使協定を締結することを条件として、会社が社員に年休を計画的に付与することを認めています（第39錠第 6 項）。計画的に付与することのできるのは「年休のうち、5 日を超える部分」です。

図表　年休の計画的付与の効果

○年休の取得状況を改善できる
○長時間労働に歯止めを掛けることができる
○長期連続休暇を実施できる
○職場の活性化を図れる
○その他

② 協定の内容

(1) 付与の方法

計画的付与の方法には、3つの方法があります。

図表　計画的付与の方法

	例
全員いっせいに付与する	8月1〜5日
グループ別に付与する	・Aグループ➡8月1〜5日、Bグループ➡8月8〜12日
個人別に付与する	社員A➡8月1〜5日、社員B➡8月6〜10日、社員C➡8月11〜15日

（注）付与日数が5日の場合

(2) 付与の時期と日数

年休を付与する時期と日数、あるいは具体的な付与日を協定します。

③ 労使協定例

○○年○○月○○日

○○株式会社取締役社長○○○○

○○労働組合執行委員長○○○○

年休の計画的付与に関する労使協定

○○株式会社（以下、「会社」という。）と○○労働組合（以下、「組合」という。）は、年休の計画的付与について、次のとおり協定す

る。

1　計画的付与の時期と付与日

会社は、毎年、各自の保有年休のうち5日を次の時期に付与する。
（計画的付与の時期と曜日）8月第2週の月曜、火曜、水曜、
木曜および金曜の5日

2　年休の特別付与

年休の保有日数から5日を差し引いた日数が5日に満たない者に対しては、不足する日数の年休を特別に付与する。

3　休業

8月の第2週は、会社を休業とする。

本協定の有効期間は、〇〇年〇〇月〇〇日から1年とする。ただし、会社または組合が有効期間満了の2ヶ月前までに、相手方に対して異議を唱えないときは、さらに1年有効とし、も同様とする。

以上

第2節

年休の時季指定付与の労使協定

① 労使協定の趣旨

　会社が時季を指定して年休を社員に付与する制度を「年休の時季指定付与」といいます。

　労働基準法は、「使用者は、年休を10日以上付与されている労働者に対し、5日については、時季を定めて与えなければならない。ただし、労働者自身の時季指定または計画的付与制度によって付与された日数分については5日から控除する」旨定めています（第39第7項）。

　年休の時季指定付与については、労使協定の締結は必要とされていません。しかし、この制度を円滑に実施するという観点から判断すると、付与日を決める時期などについて、労使で合意を形成しておくことが望ましいといえます。

図表　年休の時季指定付与制度

	説明
制度の趣旨	年休の取得状況を改善すること
対象者	年休を10日以上付与されている者
時季を指定して付与する日数	5日。社員が時季を指定して取得した日数、会社が計画的に付与した日数があるときは、その日数を控除する
時季を指定して付与する時期	会社が決める
違反した場合の罰則	30万円以下の罰金

② 協定の内容

　時季を指定して年休を付与する時期を協定します。

　年休の取得時季は、本来的に社員自身が決めるべきことです。

　社員に年休を付与した直後にその取得時季を会社が指定するのは、本人の取得プランに会社が介入することになり、好ましくありません。

　時季指定付与は、当初の付与日から半年程度が経過してから行うのが適切でしょう。

③ 労使協定例

○○年○○月○○日

○○株式会社取締役社長○○○○

○○労働組合執行委員長○○○○

年休の時季指定付与に関する労使協定

　○○株式会社（以下、「会社」という。）と○○労働組合（以下、

「組合」という。）は、年休の時季指定付与について、次のとおり協定
する。

　会社は、年休を10日以上付与した社員について、付与6ヶ月後の取
得実績を確認する。その結果、取得日数が5日未満であると確認され
た者については、5日から取得済みの日数を控除した日数を時季を指
定して取得させる。
　取得する時季は、本人の希望を聞いて決定する。

　本協定の有効期間は、○○年○○月○○日から1年とする。ただし
会社または組合が有効期間満了の2ヶ月前までに、相手方に対して異
議を唱えないときは、さらに1年有効とし、以後も同様とする。

以上

第3節

失効年休積立の労使協定

① 労使協定の趣旨

　年休の有効期間は、付与された日から2年です。2年の間に取得しないと、権利は無効となります。これは、社員にとって残念なことです。

　失効年休積立制度は、失効する年休を積み立てておき、後日、私傷病の治療などの目的で利用させるというものです。

図表　失効年休積立制度の効果

○年休の効用を高めることができる
○年休に対する社員の希望に応えられる
○生活スタイルの多様化に対応できる
○その他

② 協定の内容

(1) 年間の積立日数

　年休は、有効期間中に取得するのが本来のあり方です。このため、1年間に積み立てることのできる日数について上限を設けるのがよい

でしょう。

⑵　総積立日数

　積み立てることのできる総日数についても、上限を設けるのがよいでしょう。

⑶　使用目的

　積み立てた年休の使用目的を協定します。

③　労使協定例

○○年○○月○○日
○○株式会社取締役社長○○○○
○○労働組合執行委員長○○○○

失効年休積立制度に関する労使協定

　○○株式会社（以下、「会社」という。）と○○労働組合（以下、「組合」という。）は、失効年休積立について、次のとおり協定する。

1　年間の積立日数
　積み立てることのできる日数は、年間10日を限度とする。

2　総積立日数
　積み立てることのできる総日数は、60日を限度とする。

3　使用目的
　積み立てた年休の使用目的は、次のいずれかとする。
⑴　私傷病の治療

(2)　家族の看護

(3)　自己啓発

(4)　職業資格の取得

(5)　定年退職後の準備

4　取得単位

　積み立てた年休は、5日を単位として取得するものとする。

5　積立年休管理簿の整備

　会社は、積立年休管理簿を整備し、各人の積立年休を適正に管理する。

　本協定の有効期間は、○○年○○月○○日から1年とする。ただし会社または組合が有効期間満了の2ヶ月前までに、相手方に対して異議を唱えないときは、さらに1年有効とし、以後も同様とする。

以上

第 4 節

失効年休買上げの労使協定

① 協定の趣旨

　社員が年休を取得しない理由は人によって異なりますが、最も多い
のは「仕事が忙しいこと」です。仕事の量に比較して職場の人員が少
なく、いつも仕事に追われているという状態では、年休を取りたいと
思っても取れるものではありません。年休を取れば同僚に迷惑が及ぶ
可能性があります。その年休が僅か 2 年で無効になるというのは、仕
事に追われている社員にとって不合理・不条理です。

　失効年休買上制度は、失効する年休を一定の金額で買い上げるとい
う制度です。

　付与したばかりの年休の買い上げは労働基準法に違反しますが、時
効となる年休の買い上げは、法律上問題はありません。

　この制度を実施するときは買上日数や買上単価などについて、労働
組合との間で合意を形成しておくのがよいでしょう。

② 協定の内容

(1) 買上日数

　買上日数について、協定します。失効する年休をすべて買い上げる

という対応もありますが、やはり上限を設けるのが好ましいでしょう。

　上限日数の決め方には、図表に示すようなものがあります。

図表　買上日数の上限の決め方

	例
一律日数方式	全社員10日
勤続年数区分方式	勤続5年未満➡5日 勤続5年以上➡10日
失効日数比例方式	失効日数×70％

⑵　買上単価

　買上単価の決め方には、図表に示すようなものがあります。

図表　買上単価の決め方

	例
所定内給与基準方式	1日あたり所定内給与×30％
基本給基準方式	1日あたり基本給×50％
定額方式	5,000円

③　労使協定例

○○年○○月○○日

○○株式会社取締役社長○○○○

○○労働組合執行委員長○○○○

失効年休買上制度に関する労使協定

　○○株式会社（以下、「会社」という。）と○○労働組合（以下、

「組合」という。）は、失効年休買上制度について、次のとおり協定する。

1　買上日数

買い上げる日数は年間10日を上限とする。

2　買上単価

１日につき基本給の１日分の50％とする。

3　退職者の取り扱い

退職者については買上日数の上限は20日とする。

　本協定の有効期間は、○○年○○月○○日から１年とする。ただし会社または組合が有効期間満了の２ヶ月前までに、相手方に対して異議を唱えないときは、さらに１年有効とし、以後も同様とする。

以上

第5節

裁判員休暇の労使協定

① 労使協定の趣旨

　社員が裁判員に選任される場合があります。裁判員としての業務を遂行する日は、一定の休暇を取得する必要があります。

　裁判員としての業務を果たすための休暇（裁判員休暇）について、労使の間で合意を形成しておくことが望ましいといえます。

② 協定の内容

(1)　休暇の取得

　はじめに、「社員（組合員）は、裁判員候補、裁判員または補充裁判員に選任されたときは、その業務を遂行するために必要な日数の休暇を取得することができる」と定めます。

　裁判員としての業務は、労働基準法に定める「公民権の行使」に当たります。したがって、必要な日数だけ付与することが必要です。

(2)　休暇の取得単位

　休暇の取得について、

　・原則として1日単位で取得する

　・業務の内容により半日単位で取得することもできる

と協定します。

⑶　給与の取り扱い

　給与の取り扱いを協定します。

③　労使協定例

　　　　　　　　　　　　　　　　　　　○○年○○月○○日

　　　　　　　　　　　　　　　○○株式会社取締役社長○○○○

　　　　　　　　　　　　　　　○○労働組合執行委員長○○○○

裁判員休暇に関する労使協定

　○○株式会社（以下、「会社」という。）と○○労働組合（以下、「組合」という。）は、裁判員休暇について、次のとおり協定する。

1　休暇の取得

　社員は、裁判員候補、裁判員または補充裁判員に選任されたときは、その業務を遂行するために必要な日数の休暇を取得することができる。

2　休暇の取得単位

　休暇は、原則として1日単位で取得するものとする。ただし、業務の内容により半日単位で取得することもできる。

3　会社への届出

　休暇を取得するときは、事前に会社に届け出るものとする。

4　給与の取り扱い

休暇は有給扱いとする。

　本協定の有効期間は、○○年○○月○○日から１年とする。ただし会社または組合が有効期間満了の２ヶ月前までに、相手方に対して異議を唱えないときは、さらに１年有効とし、以後も同様とする。

以上

第6節

ボランティア休暇の労使協定

① 労使協定の趣旨

　2011年の東日本大震災以降、社会的にボランティア活動に対する関心が高まっているといわれます。実際、大規模な自然災害が発生すると、被災地に多くの人が駆けつけ、家屋の清掃や後片付けなどを行う姿がテレビに映ります。

　ボランティア休暇は、文字通り、ボランティア活動をする社員のための休暇です。

　近年ボランティア休暇を創設する会社が増加しているといわれます。ボランティア休暇制度は、会社の社会貢献活動として評価することができるでしょう。

　休暇の日数や給与の取り扱いなどについて労使協定を結んでおくと便利です。

図表　ボランティア休暇制度の効果

○社員のボランティア活動を支援することができる
○社員の生き方の多様化に対応できる
○会社として一定の社会貢献を果たすことができる
○会社のイメージアップを図れる
○その他

② 協定の内容

(1) ボランティア活動の範囲

　ボランティア活動についての認識は、人によって異なります。困っている人に対する手助けだけをボランティア活動であると思っている人もいれば、社会活動全般をボランティア活動であるととらえている人もいます。このため、初めにボランティア活動の範囲を協定するのがよいでしょう。

(2) 休暇の日数

　休暇の日数を具体的に協定します。

(3) 給与の取り扱い

　給与の取り扱いを協定します。

③ 労使協定例

○○年○○月○○日
○○株式会社取締役社長○○○○
○○労働組合執行委員長○○○○

ボランティア休暇に関する労使協定

　○○株式会社（以下、「会社」という。）と○○労働組合（以下、「組合」という。）は、ボランティア活動のための休暇制度について、次のとおり協定する。

1　ボランティア活動の範囲

この協定においてボランティア活動とは、次のものをいう。

(1)　被災地の復旧活動

(2)　環境保全活動

(3)　社会福祉施設における奉仕活動

2　休暇の日数

休暇は、１年度につき12日とする。

3　給与の取り扱い

休暇は無給扱いとする。

本協定の有効期間は、○○年○○月○○日から１年とする。ただし会社または組合が有効期間満了の２ヶ月前までに、相手方に対して異議を唱えないときは、さらに１年有効とし、以後も同様とする。

以上

第 7 節

リフレッシュ休暇の労使協定

① 労使協定の趣旨

　会社生活を長く続けていると、心身の疲労が蓄積します。ものの考え方や仕事の進め方も、マンネリに陥ります。現在は、変化の激しい時代です。考え方や仕事の進め方のマンネリ化は、本人にとってはもちろんのこと、会社にとっても、危険です。

　会社生活を長く継続していくためには、節目節目で一定期間仕事から離れて、心身のリフレッシュを図ることが必要です。

　定期的な心身のリフレッシュは、労使一体となって取り組むべき課題といえます。

② 協定の内容

(1) 協定事項

　主な協定事項は、次のとおりです。

① 付与の対象者

② 休暇の日数

③ 休暇の取得方法

④ 休暇の取得期間

⑤　給与の取り扱い

(2)　協定例

協定例は、次のとおりです。

図表　リフレッシュ休暇の協定例

	例
休暇の付与対象者	勤続10、15、20、25、30、35、40年に達した者
休暇の日数	10日
休暇の取得方法	一括し、かつ、週休日に接続させて取得する
休暇の取得時季	付与日から 1 年以内に取得する
給与の取り扱い	有給とする

③　労使協定例

〇〇年〇〇月〇〇日

〇〇株式会社取締役社長〇〇〇〇

〇〇労働組合執行委員長〇〇〇〇

リフレッシュ休暇制度に関する労使協定

〇〇株式会社（以下、「会社」という。）と〇〇労働組合（以下、「組合」という。）は、リフレッシュ休暇制度について、次のとおり協定する。

1　リフレッシュ休暇の付与

会社は、次の勤続年数に達した者に対して、心身のリフレッシュを図るための休暇を与える。

勤続10年、15年、20年、25年、30年、35年、40年

2　休暇の日数

休暇の日数は10日とする。

3　休暇の取得方法

休暇は、一括し、かつ週休日に接続させて取得するものとする。

4　休暇の取得期間

休暇は、付与された日から1年以内に取得するものとする。

5　給与の取り扱い

休暇は、有給扱いとする。

　本協定の有効期間は、○○年○○月○○日から1年とする。ただし会社または組合が有効期間満了の2ヶ月前までに、相手方に対して異議を唱えないときは、さらに1年有効とし、以後も同様とする。

以上

第8節

病気休暇の労使協定

① 労使協定の趣旨

　誰もが1年365日健康で過ごしたいと願っています。しかし、その願いにかかわらず病気にかかることがあります。病気を治すための休暇が病気休暇です。

　「病気の治療は、年休を使ってすればいい」という意見があります。確かに、その意見にも合理性があるでしょう。しかし、年休は本来的に、仕事による疲労の回復や生活の充実に充当されるべき休暇です。病気休暇制度を設けるのが望ましいといえます。

② 協定の内容

　協定事項と協定例を示すと、図表のとおりです。

図表　協定事項と協定例

	例
付与の対象者	全社員
休暇の日数	1年度につき12日
取得単位	1日または半日
給与の取り扱い	無給

③ 労使協定例

○○年○○月○○日

○○株式会社取締役社長○○○○

○○労働組合執行委員長○○○○

病気休暇制度に関する労使協定

　○○株式会社（以下、「会社」という。）と○○労働組合（以下、「組合」という。）は、病気休暇制度について、次のとおり協定する。

1　病気休暇の付与

　会社は、すべての社員に対して、病気を治療するための休暇を付与する。

2　休暇の日数

　休暇の日数は、１年度（４月～翌年３月）につき12日とする。

3　休暇の取得単位

　休暇は、１日単位のほか、半日単位でも取得することができるものとする。

4　給与の取り扱い

　無給扱いとする。

　本協定の有効期間は、○○年○○月○○日から１年とする。ただし会社または組合が有効期間満了の２ヶ月前までに、相手方に対して異議を唱えないときは、さらに１年有効とし、以後も同様とする。

以上

第9節

転身準備休職の労使協定

① 労使協定の趣旨

　中高年社員の中には、定年前に会社を退職し、自営業を始めたり、あるいは他の業界の会社に就職したいと考えている者がいます。最近は、地方に移住して農業を始めたいと考えている人が増えているといわれます。実際、地方自治体の中には、自然環境の豊かな地元への移住を呼びかけているところがあります。

　いわゆる第二の人生へのチャレンジは、中高年社員にとって1つのロマンといえるでしょう。

　第二の人生に成功するためには、あらかじめ相当の準備をする必要があります。その準備のための休職が転身準備休職です。

　中高年化が進んでいる会社は、労働組合の理解を得て転身準備休職制度を整備し、多様化する中高年社員の生活設計を支援するのがよいでしょう。

図表　転身準備休職制度の効果

○中高年社員の生活設計の多様化に対応できる
○休職制度の充実を図れる
○その他

② 協定の内容

協定の事項と協定例を示すと、次のとおりです。

図表　協定事項と協定例

	例
休職できる者	55歳以上58歳以下の者
休職期間	6ヶ月以内
休職の分割取得	3回まで分割可能
退職	休職したときは、定年の1年前までに退職する
休職中の給与	無給
転身準備支援金の支給	基本給の1ヶ月相当額

③ 労使協定例

○○年○○月○○日

○○株式会社取締役社長○○○○

○○労働組合執行委員長○○○○

転身準備休職制度に関する労使協定

○○株式会社（以下、「会社」という。）と○○労働組合（以下、「組合」という。）は、転身準備休職制度について、次のとおり協定する。

1　転身準備休職

55歳以上58歳以下の社員は、転身準備のために次の活動をするときは、あらかじめ会社に届けることにより、休職することができる。

(1)　資格の取得

(2)　独立自営のための資金の調達

(3)　独立自営のための土地、建物の取得

(4)　店舗の設計、内装等

(5)　顧客獲得のための PR 活動

(6)　官庁への諸手続き

(7)　再就職先探し

(8)　その他転身準備のための活動

2　休職期間

休職期間は 6 ヶ月以内とする。

3　休職の分割取得

休職は、分割して取得することができる。ただし、その回数は 3 回までとする。

4　給与の取り扱い

休職中は無給とする。

5　退職

休職した者は、定年退職日の 1 年前までに退職しなければならない。

5　転身準備支援金

会社は、休職する者に対して、支援金を支給する。支援金は、基本給の 1 ヶ月相当額とする。

6　会社への届出

休職をするときは、休職開始日の 1 ヶ月前までに転身準備活動の具

体的な内容を会社に届け出なければならない。

　本協定の有効期間は、○○年○○月○○日から１年とする。ただし会社または組合が有効期間満了の２ヶ月前までに、相手方に対して異議を唱えないときは、さらに１年有効とし、以後も同様とする。

以上

出向・定年・再雇用に
関する労使協定

第 1 節

出向の労使協定

① 労使協定の趣旨

　会社に籍を残したまま、社員に対して一定期間、子会社や取引先等の関係会社への派遣を命令し、派遣先（出向先）の指揮命令の下に業務に従事させる人事制度を「出向」といいます。出向社員は、会社（出向元）と出向先双方との間で雇用関係を持つことになります。

　出向は、子会社の経営力の強化をはじめとし、さまざまなメリットを持っています。このため、経営環境が厳しさを増す中で、多くの会社で活用されています。

　出向については、法的に労使協定の締結は必要ありません。しかし、出向制度を円滑に行うという観点から判断すると、出向期間や出向社員の労働条件などについて労使協定を結んでおくことが望ましいといえます。

図表　出向制度のメリット

○子会社や関連会社の経営力を強化することができる
○企業グループの結束と一体感を強めることができる
○経営の多角化を推進できる
○人材の育成を図れる
○その他

② 協定の内容

(1)　出向命令

はじめに、

・会社は、業務上必要であるときは、社員に対して出向を命令する
　ことがあること

・出向を命令された社員は、出向しなければならないこと

を協定します。

図表　出向人事の特徴

①	就業規則に定めがあれば、本人の同意は必要ない。
②	出向者は、出向先の指揮命令を受け、出向先に労務を提供する。
③	出向者は、出向元・出向先の双方と雇用関係を持つ。

(2)　出向期間

　出向を命令される社員の最大の関心は出向期間です。

　社員の中には、出向が長期に及ぶことを懸念している人がいます。したがって、出向期間の上限を協定するのがよいでしょう。

図表　出向期間の決め方

○期間は特に決めない
○標準的な期間を決める
○期間の上限を決める
○その他

(3)　所属

　出向社員は、会社に籍を残しています。したがって、出向中の籍の

所在を明確にしておく必要があります。出向者の所属部門を協定します。

⑷　業務

出向者の職場は、出向先に移ることになります。出向者に対して業務を指揮命令する権利は出向先が持つこととなります。

出向者の業務は、出向先の定めるところによることを協定します。

⑸　労働時間、休日および休暇

出向者の労働時間、休日および休暇（年次有給休暇を除く）は、出向先の定めるところによるものとします。

⑹　年次有給休暇

年次有給休暇（年休）は、周知のように、勤続期間が付与条件になっています。継続的に 6 ヶ月勤務したときに10日の年休が付与され、その後勤続年数が長くなるに連れて日数が増える仕組みになっています。

出向者は、出向先では、勤続ゼロからスタートします。したがって、出向者の年休について出向先の規定を適用すると、著しく不利になります。出向に伴って年休の日数が不利になるのは不合理です。

年休については、出向元の規定を適用することを協定します。

⑺　所定労働時間が長くなる場合の取り扱い

出向先は、一般的に、出向元に比較して小規模です。したがって、出向に伴って、所定労働時間が長くなるケースがあります。例えば、出向元は週35時間（1日7時間×5日）であるのに、出向先は週40時間（1日8時間×5日）というケースです。

このように、出向に伴って所定労働時間が長くなる場合には、一定

の代償措置を講じるべきでしょう。

　代償措置には、実務的に、

　・通常の給与支給方式

　・時間外勤務手当支給方式

の2つがあります。

図表　所定労働時間が長くなる場合の代償措置

	例
通常の給与支給方式	所定労働時間が1ヶ月20時間程度長くなるときは、本人の時間給の20時間分を支給する
時間外勤務手当支給方式	所定労働時間が1ヶ月20時間程度長くなるときは、20時間分の時間外勤務手当相当額を支給する

⑻　給与・賞与

　出向社者は、出向先の指揮命令に従って、出向先の業務に専念することになります。このため、出向者の給与・賞与については、出向先の規定を適用して出向先が支給するのが合理的です。しかし、一般に出向先は、出向元（親会社）に比較して規模が小さく経営力が弱いために、出向先の規定を適用すると、出向者の給与・賞与が少なくなる可能性があります。これは、組合としては容認できません。

　出向者の給与および賞与は、会社の定めるところにより、会社が支給するのがよいでしょう。

⑼　時間外・休日労働と手当

　出向者は、出向先から命令されたときは、時間外労働・休日労働をする義務があります。

　時間外勤務手当・休日勤務手当は、出向先の報告に基づき、出向元の規定に従い、出向元が支給します。

⑽　社会保険

　出向者の社会保険は、会社において付保します。ただし、労災保険は出向先において付保します。

⑾　出張と出張旅費

　出向者は、出向先から命令されたときは、出張する義務があります。

　この場合、出張旅費は、本来的には、出張を命令した出向先が支給すべきでしょう。しかし、出向先の規定を適用すると、宿泊費や日当が少なくなる可能性があります。したがって、出張旅費は、出向元の規定に従い、出向元が支給することを協定するのがよいでしょう。

⑿　表彰・懲戒

　出向者は、出向元の社員であると同時に、出向先の社員でもあります。このため、表彰および懲戒については、出向元・出向先双方の規定を適用することを協定するのが合理的・現実的です。

⒀　復職後の所属と業務

　経営環境は、常に変化しています。また、出向者は、出向によって、業務経験を豊かにしています。視野も拡大しているはずです。

　会社は、環境の変化に対応するために、限られた人材について「適材適所」を実現する必要があります。このため、復職後の所属部門と担当業務については、その都度決定することにするのが賢明です。

⒁　出向手当

　出向者に対して、

　・出向元とは異なる職場環境と人間関係の中で勤務する

・所定労働時間が長くなることがある

・出向先は出向元に比較して福利厚生施設が劣っている

などの事情に配慮して、出向手当を支給している会社があります。

出向手当を支給するときは、その旨を協定に明記するのがよいでしょう。

図表　出向手当の決め方

	例
一律方式	一律　8,000円
出向先の役職別	一般社員　8,000円 係長　10,000円 課長　15,000円
資格等級別	社員1～3級　8,000円 社員4～6級　12,000円 社員7～9級　15,000円

（注）1ヶ月当たりの額

③ 労使協定例

〇〇年〇〇月〇〇日

〇〇株式会社取締役社長〇〇〇〇

〇〇労働組合執行委員長〇〇〇〇

出向に関する労使協定

〇〇株式会社（以下、「会社」という。）と〇〇労働組合（以下、「組合」という。）は、出向について、次のとおり協定する。

1　出向命令

会社は、子会社の経営力の強化、経営の多角化、社員の能力開発そ

の他、業務上必要であるときは、社員に対して出向を命令することがある。

　出向を命令された社員は、出向しなければならない。

2　出向者の選任

　出向者は、出向目的の達成にふさわしい者を選任する。

3　出向者の心得

　出向者は、出向目的を正しく理解し、出向先から命令された業務を誠実に遂行しなければならない。

4　出向期間

　1回の出向期間は、5年を超えないものとする。

5　所属

　出向者の所属は、人事部とする。

6　業務

　出向者の業務は、出向先の定めるところによる。

7　労働時間、休日および休暇

(1)　出向者の労働時間、休日および休暇は、出向先の定めるところによる。

(2)　年次有給休暇は会社の定めるところによる。

(3)　1ヶ月の所定労働時間が長くなる場合には、長くなる時間に相当する時間外勤務手当を支給する。

8　給与・賞与

出向者の給与および賞与は、会社の定めるところにより、会社が支給する。

9　社会保険

出向者の社会保険は、会社において付保する。ただし、労災保険は出向先において付保する。

10　時間外・休日労働と手当

出向者は、出向先から命令されたときは、時間外労働・休日労働をしなければならない。

時間外勤務手当および休日勤務手当は、出向先から報告のあった時間数に対して、会社の規定に従い、会社が支給する。

11　出張と出張旅費

出向者は、出向先から命令されたときは、出張しなければならない。

出張旅費は、出向先からの出張命令報告に基づき、会社の出張旅費規程に基づき、会社が支給する。

12　勤続年数の取り扱い

出向期間は、会社の勤続年数に通算する。

13　表彰・懲戒

出向者の表彰および懲戒は、会社および出向先の規定による。

14　復職後の所属と業務

復職後の所属および業務は、その都度定める。

　本協定の有効期間は、○○年○○月○○日から1年とする。ただし、会社または組合が有効期間満了の2ヶ月前までに、相手方に対して異議を唱えないときは、さらに1年有効とし、以後も同様とする。

以上

第2節

子会社への転籍の労使協定

① 労使協定の趣旨

　会社の命令によって定年前に会社を退職し、子会社等へ籍を移す人事を「転籍」といいます。籍を移すことから「移籍出向」と呼ばれることもあります。退職を伴うところが転籍の大きな特徴です。

　転籍を実施している会社、または今後実施することが見込まれる会社は、転籍について労使協定を結んでおくことが望ましいといえます。

② 協定の内容

⑴　本人の同意

　転籍は、退職を伴う人事制度です。このため、本人の同意を得ることが必要です。

⑵　転籍者の労働条件

　転籍者は、会社を退職して子会社の社員となります。したがって、労働時間・休日・休暇、給与・賞与等の労働条件は、すべて転籍先の定めによることを協定します。

③　労使協定例

○○年○○月○○日

○○株式会社取締役社長○○○○

○○労働組合執行委員長○○○○

子会社への転籍に関する労使協定

　○○株式会社（以下、「会社」という。）と○○労働組合（以下、「組合」という。）は、子会社への転籍について、次のとおり協定する。

1　転籍命令

　会社は、子会社の営業力・技術力の強化など、業務上必要であるときは、社員に対して、あらかじめ本人の同意を得たうえで、子会社への転籍を命令することがある。

2　転籍者の労働条件

　転籍者の労働条件は、すべて転籍先の定めるところによる。

3　定年年齢までの雇用保障

　転籍先の経営事情により、転籍者が会社の定年（60歳）前に職を失ったときは、会社が定年までの雇用を保障する。

　本協定の有効期間は、○○年○○月○○日から1年とする。ただし、会社または組合が有効期間満了の2ヶ月前までに、相手方に対して異議を唱えないときは、さらに1年有効とし、以後も同様とする。

以上

第3節

定年退職者の再雇用の労使協定

（1）労使協定の趣旨

　高年齢者雇用安定法は、高齢者の雇用を確保するために、定年が65歳未満の会社に対して、定年退職者を65歳まで継続的に雇用することを義務付けています。

　継続雇用の方法には、次の4つがありますが、多くの会社は再雇用制を採用しています。これは、再雇用制が、定年制の廃止や定年延長に比較して会社の裁量度が高いためでしょう。

　定年退職者の再雇用制を円滑に行うため、労使協定を結ぶのがよいでしょう。

図表　65歳までの継続雇用の方法

①	再雇用制➡定年で退職させ、嘱託として再雇用する
②	勤務延長➡定年で退職させることなく、引き続き正社員として勤務させる
③	定年延長➡65歳未満の定年を65歳まで延長する
④	定年制の廃止

② 協定の内容

⑴　再雇用の対象者

　高年齢者雇用安定法は、定年退職者のうち、希望者全員を再雇用することを定めています。

　勤続年数、業務経験年数、社内資格等級の階級、職業資格の有無、あるいは定年前の勤務成績などにおいて一定の条件を設け、その条件を満たす者だけを再雇用の対象とするのは法令違反となります。

図表　再雇用制度のアウトライン

	内容
対象者	定年退職者のうち、継続勤務の希望を申し出た者
雇用年齢の上限	65歳
雇用契約	１年を単位として雇用契約を締結する
身分	嘱託社員
勤務時間・休日・休暇	定年到達時と同じとする
給与・賞与	①　給与は、業務内容、業務遂行能力等を評価して決定する ②　賞与は、業績に応じて支給する
退職金	支給しない

⑵　再雇用の上限年齢

　再雇用の上限年齢は、65歳です。

　上限年齢を65歳超にするのは会社の自由です。しかし、上限を62、64歳などとするのは法律に違反します。

⑶　雇用契約の方法

　老後の勤務についての考えは、年齢によって変化する可能性があります。このため、雇用契約は、1年とし、1年ごとに契約を更新することにするのが現実的であると判断されます。

⑷　再雇用者の身分

　再雇用者の身分は、
　・定年退職後の高齢者であること
　・雇用期間が限られていること
　・一般的に責任が軽い業務を担当すること
などを考慮し、嘱託社員とするのが現実的でしょう。

⑸　担当業務

　会社としては、再雇用者の能力と経験を最大限に活用するのが得策です。再雇用者も、能力と経験を活かすことのできる仕事を担当すれば、仕事に充実感・満足感を感じることができます。このため、本人の能力と経験を活かせる仕事を担当させることを協定します

⑹　勤務時間

　原則としてフルタイムで勤務することを協定するのがよいでしょう。

⑺　給与（基本給）

　給与（基本給）の決定基準を協定します。協定例を示すと、次のとおりです。

図表　給与（基本給）の決定基準の協定例

> 協定例 1 ➡ 再雇用者の給与（基本給）は、業務の内容、業務遂行能力および退職時の給与を総合的に勘案して決定する。
>
> 協定例 2 ➡ 再雇用者の基本給は、退職時の60〜80％の範囲において、業務の内容により決定する。
>
> 協定例 3 ➡ 再雇用者の基本給は、定年退職時の50％を下回らない範囲において、業務の内容その他を評価して決定する。

⑻　諸手当の取り扱い

諸手当の取り扱いを協定します。協定例を示すと、次のとおりです。

図表　諸手当の協定例

> 1　職務関連手当（営業手当、屋外作業手当等）は支給する。
>
> 2　生活補助手当（家族手当、住宅手当等）は支給しない。
>
> 3　通勤手当は支給する。

⑼　賞与

再雇用者は、身分は嘱託社員ですが、フルタイムで勤務します。業務上の責任は、定年前に比較して軽くなりますが、職場の重要な戦力です。会社の業績に貢献します。したがって、会社の業績に応じて賞与を支給すべきです。

⑽　退職金

再雇用者の雇用期間は限られています。また、嘱託という身分です。したがって、退職金は支給しないものとします。

③　労使協定例

○○年○○月○○日

○○株式会社取締役社長○○○○

○○労働組合執行委員長○○○○

定年退職者の再雇用に関する労使協定

　○○株式会社（以下、「会社」という。）と○○労働組合（以下、「組合」という。）は、定年退職者の再雇用について、次のとおり協定する。

1　再雇用の対象者

　会社は、定年退職予定者のうち、退職後の再雇用の希望を申し出た者を再雇用する。ただし、業績が不振のために雇用が過剰であるときは、再雇用しない。

2　再雇用の申出

　定年退職の予定者は、定年後の再雇用を希望するときは、退職予定日の3ヶ月前までに申し出なければならない。

3　再雇用日

　再雇用日は、定年退職日の翌日とする。

4　再雇用の上限年齢

　再雇用の上限は、65歳とする。

5　雇用契約

　1年を単位として行う。ただし、次の場合には、契約を更改しな

い。

① 業績が不振で雇用が過剰であるとき

② 再雇用者が健康を害し、業務に耐えられないと認められるとき

6　再雇用者の身分

嘱託社員とする。

7　勤務時間・休日・休暇

定年到達時と同じとする。

8　業務内容

定年退職前の業務経験を活用することのできる業務を担当させる。

9　給与

(1) 基本給は、業務の内容、業務遂行能力および定年退職時の給与等
を総合的に勘案して決定する。

(2) 職務に関連する手当は支給する。

(3) 家族手当、住宅手当等の生活補助手当は支給しない。

(4) 通勤手当は支給する。

10　社会保険

社会保険に加入する。

11　賞与

業績に応じて支給する。

12　退職金

支給しない。

　本協定の有効期間は、〇〇年〇〇月〇〇日から 1 年とする。ただし、会社または組合が有効期間満了の 2 ヶ月前までに、相手方に対して異議を唱えないときは、さらに 1 年有効とし、以後も同様とする。

以上

第 4 節

選択定年制の労使協定

① 労使協定の趣旨

　社員は、就業規則で定められた定年まで勤務する義務があります。しかし、中高年社員の中には、定年前に退職して第二の人生にチャレンジしたいと考えている人がいます。

　選択定年制は、定年前の自主退職について退職金を優遇し、第二の人生への挑戦を支援するという制度です。早期退職優遇制度と呼ばれることもあります。

　選択定年制は「退職」というきわめて重要な選択を求めるものです。このため、労働組合の同意を得て実施するのが適切です。

図表　選択定年制の効果

○中高年社員の多様な生活設計を支援できる
○人事ローテーションを活発にできる
○高齢化の進展を多少抑制できる

② 協定の内容

　主な協定事項と協定例を示すと、次のとおりです。

図表　協定事項と協定例

	例
対象者	55～58歳で、かつ、勤続10年以上の者
退職金の優遇内容	50～52歳➡所定退職金の160％を支給する 53～55歳➡所定退職金の140％を支給する 56～58歳➡所定退職金の120％を支給する
退職申出の受付期間	毎年9月1日～10月31日
退職日	12月31日

③　労使協定例

○○年○○月○○日

○○株式会社取締役社長○○○○

○○労働組合執行委員長○○○○

選択定年制に関する労使協定

　○○株式会社（以下、「会社」という。）と○○労働組合（以下、「組合」という。）は、選択定年制について、次のとおり協定する。

1　退職金の優遇

　会社は、50歳以上58歳以下、かつ勤続10年以上の社員が自主退職するときは、次のとおり、退職金を優遇する。

　　　　50～52歳　　　所定退職金の160％を支給する

　　　　53～55歳　　　所定退職金の140％を支給する

　　　　56～58歳　　　所定退職金の120％を支給する

2　退職申出の受け付期間

　退職の申出は、毎年次の期間に受け付ける。ただし、申出者数が会

社の予定数に達したときは期間中に受付を中止することがある。

　　　受付期間　９月１日〜10月31日

3　退職日

　12月31日とする。

4　退職金の返還請求と損害賠償

　会社は、退職者が次に該当するときは、退職金の返還と会社の損害
の賠償を請求する。

　　①　退職後２年以内に、会社の許可を得ることなく、同業他社に再
　　　就職し、または会社と同一の事業を起業したとき

　　②　在職中に知り得た会社の営業秘密を第三者に漏洩したとき

　本協定の有効期間は、〇〇年〇〇月〇〇日から１年とする。ただ
し、会社または組合が有効期間満了の２ヶ月前までに、相手方に対し
て異議を唱えないときは、さらに１年有効とし、以後も同様とする。

　　　　　　　　　　　　　　　　　　　　　　　　　　　　　　以上

第 5 節

定年延長の労使協定

① 労使協定の趣旨

　高齢者の雇用を安定的に確保するため、高年齢者雇用安定法は、業種や規模を問わずすべての会社に対して、65歳までの継続雇用を義務付けています。

　65歳までの継続雇用の方法としては、定年退職者の再雇用という方法が広く採用されていますが、労働組合が強く要求するのは定年の65歳までの延長でしょう。定年が65歳に延長されれば、すべての組合員が65歳まで確実に雇用されます。定年前の解雇は厳しく制限されます。

　定年延長については、経営への影響を最小限に留めるため、段階的に行うこととし、そのスケジュールなどについて労使で合意を形成しておくことが望ましいといえます。

② 協定の内容

(1)　延長のスケジュール

　定年延長は、60歳→61歳→62歳→63歳→64歳→65歳というように段階的に進めることとし、その具体的なスケジュールを協定します。

⑵　給与制度の見直し

　年功型の給与制度の下では定年延長に伴って給与負担が増加する可能性があります。生産性が向上しないのに給与負担が重くなるのは経営にとって好ましくありません。このため、給与負担の増加を抑制する措置を講じるのがベターです。

図表　給与負担の増加抑制措置（例）

・55歳以降は昇給率をスローダウンする

・55歳以降は昇給を停止する

・60歳以降は基本給を年1〜2％ずつ減額する

・50歳以降は家族手当、住宅手当は支給しない

・その他

③　労使協定例

○○年○○月○○日

○○株式会社取締役社長○○○○

○○労働組合執行委員長○○○○

定年延長に関する労使協定

　○○株式会社（以下、「会社」という。）と○○労働組合（以下、「組合」という。）は、定年延長について、次のとおり協定する。

1　定年の延長

　定年を次のスケジュールで65歳に延長する。

　　　　20○○年4月1日〜　　　61歳

　　　　20○○年4月1日〜　　　62歳

　　　　20○○年4月1日〜　　　　63歳
　　　　20○○年4月1日〜　　　　64歳
　　　　20○○年4月1日〜　　　　65歳

2　給与の取り扱い

　定年延長に伴い、20○○年4月1日以降、55歳以上の者については昇給を停止する。

　本協定の有効期間は、○○年○○月○○日から1年とする。ただし、会社または組合が有効期間満了の2ヶ月前までに、相手方に対して異議を唱えないときは、さらに1年有効とし、以後も同様とする。

　　　　　　　　　　　　　　　　　　　　　　　　　　　　以上

第 **6** 章

フリーランス・業務委託等
に関する労使協定

第1節

フリーランス活用の労使協定

① 労使協定の趣旨

　会社や団体などの組織に所属しないで、自ら仕事を受注し、自らの判断と裁量によって仕事を遂行して収入を得るという自由な働き方をする人を「フリーランス」といいます（農業は除く）。

　近年、働き方や生き方が多様化・個性化する中で、フリーランスとして働く人が急増しています。20代、30代で会社を退職してフリーランスになる人もいれば、定年退職後になる人もいます。中には、公務員から転向する人もいます。

　会社にとって、フリーランスの存在はまことに便利です。

　会社のニーズ（需要）があるからフリーランスが増加するのか、それともフリーランスが増えるからそれを利用する会社が増加するのか、その関係は明確ではありませんが、ともかくフリーランスとそれを利用する会社がビジネスの世界で生じていることは確かです。

　会社がフリーランスの利用を増加させると、正社員の雇用がそれだけ不安定になります。このため、労働組合から、フリーランスの活用について一定のルールを設けるように要求される可能性があります。

図表　フリーランス活用のメリット

○人件費を抑制できる。人件費負担を軽減できる

○人事管理、労働時間管理、給与管理の手間がかからない

○仕事の繁閑に柔軟に対応できる

○フリーランスの業務知識、経験、能力を活用できる

○会社の都合に応じてフリーランスを自由に利用できる

○その他

② 協定の内容

⑴ フリーランスを活用する業務

　フリーランスを活用できる業務を限定しないと、社員の雇用が不安定になる可能性があります。いうまでもなく、組合の大きな活動目的は、社員の雇用を守ることです。雇用を守るということは、社員とその家族の生活を守るということでもあります。

　このため、会社がフリーランスを活用することのできる業務を協定するのがよいでしょう。

図表　会社がフリーランスを活用できる業務（例）

①	専門的知識を必要とする業務
②	特別の技術または技能を必要とする業務
③	時期によって業務の量が著しく異なる業務
④	社内にはその業務を遂行することのできる人材がいない業務

⑵ 労使協議

　労使で合意した業務以外の業務でフリーランスを活用するときは、あらためて労使で協議することを協定するのがよいでしょう。

③ 労使協定例

〇〇年〇〇月〇〇日

〇〇株式会社取締役社長〇〇〇〇

〇〇労働組合執行委員長〇〇〇〇

フリーランスの活用に関する労使協定

　〇〇株式会社（以下、「会社」という。）と〇〇労働組合（以下、「組合」という。）は、フリーランスの活用について、次のとおり協定する。

1　フリーランスを活用する業務

　会社は、次の業務に限って、フリーランスを活用する。

(1)　専門的知識を必要とする業務

(2)　特別の技術または技能を必要とする業務

(3)　時期によって業務の量が著しく異なる業務

(4)　社内にはその業務を遂行することのできる人材がいない業務

2　フリーランスの採用方法

　フリーランスは公募によって採用する。

3　組合との協議

　会社は、第1項に定める業務以外の業務についてフリーランスを活用するときは、事前に組合と協議する。

　本協定の有効期間は、〇〇年〇〇月〇〇日から1年とする。ただし、会社または組合が有効期間満了の2ヶ月前までに、相手方に対して異議を唱えないときは、さらに1年有効とし、以後も同様とする。

以上

第 2 節

派遣社員活用の労使協定

① 労使協定の趣旨

　人手を必要とするときに派遣会社へ電話すればすぐに即戦力となる社員が派遣されてきます。ハローワークへ求人票を提出したり、新聞に求人広告を掲載したりする必要はありません。

　会社にとって、派遣社員は実に便利です。しかし、会社が安易に派遣社員を活用すると、社員の雇用が脅かされる可能性があります。労働組合の立場からすると、派遣社員の活用について一定の歯止めを掛けることが必要です。このため、労働組合から派遣社員の活用に関して一定のルールを作成することを要求されることがあります。

図表　派遣社員活用の効果

○業務に必要な労働力をすぐに調達することができる
○募集・採用の手間がかからない
○人件費を安くすることができる
○業務の量に応じて派遣社員数を自由に調整できる
○派遣社員の業務知識、能力および経験を活用できる
○その他

② 協定の内容

(1)　派遣社員の業務の制限

　会社が安易に派遣社員を活用すると、社員の雇用が不安定になる可能性があります。このため、派遣社員を活用することのできる業務を制限するのがよいでしょう。

(2)　派遣契約の締結

　派遣社員を活用するときは、労働者派遣法の定めるところに従い、派遣会社との間で派遣契約を結びます。

(3)　派遣契約の周知

　関係者が派遣契約の内容を正しく理解していないと、さまざまなトラブルが生じる可能性があります。このため、会社は関係社員に対して、派遣契約の内容を周知するものとします。

③ 労使協定例

○○年○○月○○日

○○株式会社取締役社長○○○○

○○労働組合執行委員長○○○○

派遣社員の活用に関する労使協定

　○○株式会社（以下、「会社」という。）と○○労働組合（以下、「組合」という。）は、派遣社員の活用について、次のとおり協定する。

1　派遣社員を活用する業務

　会社は、次の業務に限って、派遣社員を活用する。下記の業務以外の業務で派遣社員を活用するときは、その都度、労使で協議する。

(1)　特別の技術または技能を必要とする業務

(2)　時期によって業務の量が変動する業務

(3)　社内にはその業務を遂行することのできる人材がいない業務

(4)　豊かな業務経験が要求される業務

(5)　勤務形態が通常とは相当程度異なる業務

2　派遣契約の締結

　会社は、派遣社員を活用するときは、労働者派遣法の定めるところにより、派遣会社との間において派遣契約を締結する。

3　派遣契約の周知

　会社は、関係者に対して、派遣契約の内容を周知する。

4　契約業務以外の業務の命令の禁止

　会社は、派遣契約で契約された業務以外の業務を派遣社員に命令しないものとする。

　本協定の有効期間は、○○年○○月○○日から1年とする。ただし、会社または組合が有効期間満了の2ヶ月前までに、相手方に対して異議を唱えないときは、さらに1年有効とし、以後も同様とする。

以上

第3節

業務委託の労使協定

① 労使協定の趣旨

　会社ではさまざまな業務が行われていますが、経費の削減その他の目的のために、一部の業務を外注に切り替えるという意思決定をすることがあります。例えば、取引先・販売先への製品の運送業務を外部の運送会社へ委託するというケースです。

　当然のことですが、業務の外注は経営上必要なことであるとはいえ、雇用に大きな影響を及ぼします。

　業務の外注を円滑に進めるという観点からすると、外注の手続きについて一定のルールを労使で合意しておくことが望ましいといえます。

図表　業務外注の目的

○専門業者の活用による業務の効率化・合理化
○経費の削減
○社内の人員を成長分野に集中させ、業績の向上を図ること
○その他

② 協定の内容

(1) 労使の協議事項

業務の一部を外注するときは、あらかじめ労使で協議するものとします。

図表　労使の協議事項

⑴　外注する業務の内容
⑵　外注する理由
⑶　外注先
⑷　外注の時期
⑸　その業務を担当していた社員の配置転換先
⑹　その他必要事項

(2) 解雇の禁止

外注する業務を担当していた社員（組合員）を整理解雇の対象としないことを協定します。

③ 労使協定例

〇〇年〇〇月〇〇日

〇〇株式会社取締役社長〇〇〇〇

〇〇労働組合執行委員長〇〇〇〇

業務の外注に関する労使協定

〇〇株式会社（以下、「会社」という。）と〇〇労働組合（以下、「組合」という。）は、業務の外注について、次のとおり協定する。

1　組合との協議

　会社は、社内業務の一部を外部の業者に委託するときは、あらかじめ次の事項を組合と協議する。

(1)　外注する業務の内容

(2)　外注する理由

(3)　外注先

(4)　外注の時期

(5)　その業務を担当していた社員の配置転換先

(6)　その他必要事項

2　整理解雇の禁止

　会社は、その業務を担当していた社員を整理解雇しない。

　本協定の有効期間は、〇〇年〇〇月〇〇日から1年とする。ただし、会社または組合が有効期間満了の2ヶ月前までに、相手方に対して異議を唱えないときは、さらに1年有効とし、以後も同様とする。

以上

第4節

中途採用の労使協定

① 労使協定の趣旨

　会社は、業務量の増大、新規事業の開始、あるいは退職者の増加など、経営上の必要に応じて中途採用を行います。

　中途採用には、多くのメリットがあります。このため、採用の中心を新卒者ではなく、中途採用としている会社もあります。

　環境の変化に対応するために中途採用は必要不可欠ですが、在籍社員の雇用と労働条件に影響を与えることもあります。

　また、人材を獲得したいあまりに、中途採用者の給与を在籍社員より高くするのも、組合の立場からすると好ましくないことです。

　中途採用を円滑に行うためには組合の理解が必要です。

図表　中途採用のメリット

○即戦力を獲得することができる
○会社の都合でいつでも実施できる
○新卒者の採用に比較して制約が少ない
○新卒者の採用に比較して採用コストが安い
○その他

② 協定の内容

(1) 組合との協議

　会社は、一定数（例えば、10人）以上の中途採用者を同時に採用するときは、あらかじめ組合と協議する旨を協定します。

図表　中途採用の協議事項

① 採用職種
② 採用人員
③ 採用理由
④ 採用時期
⑤ 採用後の配置先
⑥ その他必要事項

(2) 中途採用者の給与

　給与について、次のことを協定するのがよいでしょう。

図表　中途採用者の給与

① 職務内容、職務遂行能力および経験年数等を総合的・客観的に評価して決定すること
② 中途採用であることを理由として有利、あるいは不利に取り扱わないこと

③ 労使協定例

　　　　　　　　　　　　　　　　　　　　○○年○○月○○日

　　　　　　　　　　　　　　　　　　○○株式会社取締役社長○○○○

○○労働組合執行委員長○○○○

中途採用に関する労使協定

　○○株式会社（以下、「会社」という。）と○○労働組合（以下、「組合」という。）は、中途採用について、次のとおり協定する。

1　組合との協議

　会社は、経営上の必要によって同時に○名以上を中途採用するときは、あらかじめ次の事項を組合と協議する。

(1)　採用職種

(2)　採用人員

(3)　採用理由

(4)　採用時期

(5)　採用後の配置先

(6)　その他必要事項

2　中途採用者の給与

　給与は、職務内容、職務遂行能力および経験年数等を総合的・客観的に評価して決定する。中途採用であることを理由として有利、あるいは不利に取り扱わないものとする。

　本協定の有効期間は、○○年○○月○○日から1年とする。ただし、会社または組合が有効期間満了の2ヶ月前までに、相手方に対して異議を唱えないときは、さらに1年有効とし、以後も同様とする。

以上

第 **7** 章

海外出張・海外駐在に関する労使協定

第 1 節

海外出張旅費の労使協定

① 労使協定の趣旨

　経済の国際化・グローバル化が進んでいます。これに伴って、海外
出張が増加しています。出張の回数が増加すると同時に、出張先も拡
大しています。

　出張に対しては旅費の支給が必要ですが、会社の中には「海外出張
旅費規程」が作成・整備されていないところがあります。出張旅費の
支給基準が明確になっていない会社もあります。海外出張は、これか
らさらに増加するでしょう。

　海外出張の機会が増加している会社は、労使の間において出張旅費
の支給基準を明確にしておくことが望まれます。

② 協定の内容

(1) 海外出張旅費の種類

　海外出張旅費の種類としては、一般的に、海外渡航手続費、交通
費、宿泊費および日当があります。

⑵　海外渡航手続費

海外渡航手続費としては、一般的に、次のようなものがあります。

図表　海外渡航手続費の内容

⑴　旅券交付手数料
⑵　査証料
⑶　外貨交換手数料
⑷　予防注射代
⑸　出入国税
⑹　空港利用税
⑺　その他渡航に必要な費用

③　労使協定例

〇〇年〇〇月〇〇日

〇〇株式会社取締役社長〇〇〇〇

〇〇労働組合執行委員長〇〇〇〇

海外出張旅費に関する労使協定

〇〇株式会社（以下、「会社」という。）と〇〇労働組合（以下、「組合」という。）は、海外出張旅費について、次のとおり協定する。

1　海外出張旅費の支給基準

海外出張に対しては、次の旅費を支給する。

⑴　海外渡航手続費

⑵　交通費（航空運賃、船舶運賃、鉄道運賃、自動車費）

⑶　宿泊費

(4)　日当

2　交通費

交通費については、実費を支給する。

3　海外渡航手続費

次の費用については、実費を支給する。

(1)　旅券交付手数料

(2)　査証料

(3)　外貨交換手数料

(4)　予防注射代

(5)　出入国税

(6)　空港利用税

(7)　その他渡航に必要な費用

4　宿泊費、日当

次のとおりとする。

	宿泊費	日当
社員	120ドル	50ドル
係長	130ドル	55ドル

（注）課長以上は非組合員のため労使協定の対象外

5　団体出張の取り扱い

団体の一員として出張する場合で、参加費の中に交通費、食事代、宿泊費等一切の費用が含まれているときは、交通費および宿泊費は支給せず、日当の69％のみを支給する。

本協定の有効期間は、○○年○○月○○日から１年とする。ただ

し、会社または組合が有効期間満了の 2 ヶ月前までに、相手方に対して異議を唱えないときは、さらに 1 年有効とし、以後も同様とする。

以上

第 2 節

海外旅行傷害保険の労使協定

① 労使協定の趣旨

　海外出張にはリスクがあります。航空機の事故もあれば、鉄道事故もあります。また、気候や食事の関係で体調を崩して入院を余儀なくされることもあります。このため、海外旅行傷害保険に加入することが望ましいといえます。

　保険の加入は、出張を命令された社員に安心感を与えます。

　海外旅行傷害保険の付保について、労使で合意を形成します。

② 協定の内容

(1)　保険金の額

　自社の退職金制度や業務上の死亡弔慰金制度などを踏まえて保険金の額を協定します。

(2)　保険料の負担

　保険料は会社が負担することを協定します。

⑶　死亡保険金の取り扱い

　事故によって死亡し保険金が支払われたときは、これを会社に戻し入れ、死亡弔慰金などに充当することを明確にしておきます。

③　労使協定例

○○年○○月○○日

○○株式会社取締役社長○○○○

○○労働組合執行委員長○○○○

海外旅行傷害保険に関する労使協定

　○○株式会社（以下、「会社」という。）と○○労働組合（以下、「組合」という。）は、海外旅行傷害保険について、次のとおり協定する。

1　海外旅行傷害保険の付保

　会社は、海外に出張する社員について、海外旅行傷害保険を付保する。保険金は、次のとおりとする。

	死亡	傷害
社員	2,500万円	500万円
係長	3,000万円	500万円

（注）課長以上は非組合員のため労使協定の対象外

2　保険料の負担

　保険料は会社が負担する。

3　死亡保険金の取り扱い

　死亡事故によって保険金が支給された場合は、その全額を会社に戻し入れ、遺族に対しては、会社の定めるところにより補償する。

　本協定の有効期間は、○○年○○月○○日から1年とする。ただし、会社または組合が有効期間満了の2ヶ月前までに、相手方に対して異議を唱えないときは、さらに1年有効とし、以後も同様とする。

以上

第3節
海外駐在員の駐在期間等の
労使協定

① 労使協定の趣旨

　ビジネスを拡大したり、あるいは円滑に行うことを目的として、海外に駐在員を置く会社が増加しています。会社から海外駐在の人事命令を受けた者は、

- ・駐在期間はどれくらいか
- ・家族を帯同できるだろうか

という心配や不安を持つといわれます。

　海外駐在員の現地での生活環境は、日本とは相当異なります。したがって、駐在期間（任期）や同伴家族の範囲などについて、社員の希望や他社の事例などを参考にして、一定のルールを作成することが望ましいといえます。

② 協定の内容

(1) 駐在期間

　駐在期間の決め方には、

- ・全駐在員一律に決める
- ・単身赴任、家族帯同赴任の別に決める

の2つがあります。

　駐在先において単独で業務を円滑に遂行するようになるには、一定
に期間を要します。いくら駐在先の言語が堪能であるとはいっても、
赴任した日の数日後から一人前の仕事ができるというわけではありま
せん。

　一方、駐在期間が長期に及ぶと、

・緊張感が低下し、独走する

・日本本社の経営事情を正しく理解できなくなる

・仕事の進め方がマンネリとなる

などの弊害が発生する可能性・危険性があります。

　一般的に判断して、標準的な駐在期間は3～5年程度とするのが妥
当でしょう。

⑵　帯同できる家族の範囲

　帯同することのできる家族は、配偶者および高校生以下の子とする
のが妥当でしょう。

③　労使協定例

○○年○○月○○日

○○株式会社取締役社長○○○○

○○労働組合執行委員長○○○○

海外駐在員の駐在期間等に関する労使協定

　○○株式会社（以下、「会社」という。）と○○労働組合（以下、
「組合」という。）は、海外駐在員の駐在期間等について、次のとおり
協定する。

1　駐在期間

駐在期間は、原則として次のとおりとする。ただし、業務の都合により、期間を短縮し、または延長することがある。

(1)　単身で赴任するとき　　3 年
(2)　家族帯同で赴任するとき　　5 年

2　帯同できる家族の範囲

帯同できる家族は、原則として次のとおりとする。

(1)　配偶者
(2)　高校在学以下の子

3　労働時間・休日

労働時間および休日は、現地の基準に従うものとする。

4　帰国命令

会社は、駐在員が次のいずれかに該当するときは、帰国命令を出すことがある。

(1)　健康を著しく害し、回復に相当の期間が見込まれるとき
(2)　会社の信用と名誉を傷つける言動のあったとき
(3)　現地の法令に触れる行為のあったとき
(4)　会社への業務報告が良くないとき
(5)　会社の指示命令に従わないとき
(6)　その他海外駐在員として不適格であると認められるとき

本協定の有効期間は、○○年○○月○○日から 1 年とする。ただし、会社または組合が有効期間満了の 2 ヶ月前までに、相手方に対して異議を唱えないときは、さらに 1 年有効とし、以後も同様とする。

以上

第4節

海外駐在員の医療の労使協定

① 労使協定の趣旨

　海外駐在員は、誰もが「健康で駐在員としての任務を全うしたい」と考えています。しかし、海外の気候や生活風習は、日本とは相当異なります。食事の内容も、違います。また、海外駐在員の業務は、一般に多忙です。特に、単独で駐在する場合には、一人ですべての業務を行わなければならず、多忙を極めます。このため、体調を崩すことがあります。

　外国で体調を崩すことほど。不安なことはありません。

　駐在員は、誰もが健康と医療問題について、不安を抱えています。「もしも病気になったら……」という不安を感じていない駐在員は一人もいないでしょう。

　駐在員が安心して仕事に集中することができるようにするため、医療保険や健康診断などについて、労使で合意を形成しておくことが望ましいといえます。

② 協定の内容

(1) 医療保険制度への加入

駐在先において、適切な医療保険制度に加入し、その保険料は会社が負担することを協定します。

(2) 健康診断

健康診断について、次のことを協定するのがよいでしょう。

図表　健康診断

①　年1回、会社が定める検査項目について健康診断を受け、その結果を会社に報告すること
②　健康診断に要する費用は、会社が負担すること
③　帯同家族については、希望すれば駐在員に準じて取り扱うこと

(3) 傷病の治療

傷病になったときは、原則として現地で治療するものとします。

③ 労使協定例

○○年○○月○○日

○○株式会社取締役社長○○○○

○○労働組合執行委員長○○○○

海外駐在員の医療に関する労使協定

○○株式会社（以下、「会社」という。）と○○労働組合（以下、「組合」という。）は、海外駐在員の医療について、次のとおり協定す

る。

1　医療保険制度への加入

(1)　駐在員は、現地の適切な医療保険制度に加入しなければならない。

(2)　帯同家族も同様とする。

(3)　保険料は会社が負担する。

2　健康診断

(1)　駐在員は、年1回、会社が定める検査項目について健康診断を受け、その結果を会社に報告しなければならない。

(2)　健康診断に要する費用は、会社が負担する。

(3)　帯同家族については、希望すれば駐在員に準じて取り扱う。

3　傷病の治療

(1)　傷病にかかったときは、原則として現地で治療する。

(2)　帯同家族についても、同様とする。

(3)　現地では適切な治療を受けることができないときは、近隣先進国または日本において治療を受けることができる。ただし、この場合はあらかじめ会社の許可を得なければならない。治療費のうち保険による補償分を超過した金額、および保険適用外の治療費は、会社が全額負担する。ただし、業務に起因しないものは個人負担とする。

本協定の有効期間は、○○年○○月○○日から1年とする。ただし、会社または組合が有効期間満了の2ヶ月前までに、相手方に対して異議を唱えないときは、さらに1年有効とし、以後も同様とする。

以上

第5節

海外駐在員の休暇の労使協定

① 労使協定の趣旨

海外駐在員について、「海外において、一定期間業務を行う」という勤務上の特殊性を踏まえて、休暇の取り扱いを協定します。

休暇の取り扱いを明確にすることは、駐在員制度を円滑に運用するうえできわめて重要です。

② 協定の内容

(1) 休暇の種類と日数

休暇の種類と日数を具体的に協定します。

図表　休暇の種類と日数

	日数
赴任休暇	5日
着任休暇	3日
年次有給休暇	現地の法令と慣習に従う
離任休暇	5日
帰任休暇	5日
一時帰国休暇	2週間以内（往復の日数を含む）

(2)　一時帰国休暇の取得要件

　一時帰国休暇は、駐在期間が長くなった者について、心身のリフレッシュ等のために一時的に帰国することを認めるという恩恵的な休暇制度です。取得することのできる要件を協定します。

図表　一時帰国休暇の取得要件

①	独身者➡駐在期間が2年を経過し、かつ、残余の駐在期間が1年以上であるとき
②	家族のいる単身赴任者➡駐在期間が1年を経過し、かつ、残余の駐在期間が1年以上であるとき
③	家族帯同者➡駐在期間が3年を経過し、かつ、残余の駐在期間が1年以上であるとき

③　労使協定例

〇〇年〇〇月〇〇日

〇〇株式会社取締役社長〇〇〇〇

〇〇労働組合執行委員長〇〇〇〇

海外駐在員の休暇に関する労使協定

　○○株式会社（以下、「会社」という。）と○○労働組合（以下、「組合」という。）は、海外駐在員の休暇について、次のとおり協定する。

1　赴任休暇

　赴任する前に、赴任準備のための休暇を与える。休暇の日数は5日とする。

2　着任休暇

　現地に着任したときは、生活の準備のための休暇を与える。着任休暇は3日とする。

3　年次有給休暇

　年次有給休暇は、現地の法令と慣習に従うものとする。その日数が会社の就業規則に満たないときは、就業規則に定める日数とする。

4　離任休暇

　現地を離任するときは、離任準備のための休暇を与える。休暇の日数は5日とする。

5　帰任休暇

　日本に帰任したときは、生活の準備のための休暇を与える。休暇の日数は5日とする。

6　一時帰国休暇

(1)　取得の条件

　駐在員が次の要件に該当するときは一時帰国休暇を取得することができる。

　　① 独身者　　駐在期間が 2 年を経過し、かつ、残余の駐在期間が 1 年以上であるとき

　　② 家族のいる単身赴任者　　駐在期間が 1 年を経過し、かつ、残余の駐在期間が 1 年以上であるとき

　　③ 家族帯同者　　駐在期間が 3 年を経過し、かつ、残余の駐在期間が 1 年以上であるとき

(2)　一時帰国休暇の日数

　一時帰国休暇は、年次有給休暇を利用して行うものとし、日数は 2 週間以内（往復の日数を含む）とする。

(3)　家族の同伴

　一時帰国は、家族を同伴することができる。

(4)　旅費の支給

　一時帰国に要する旅費の実費は会社が支給する（家族分を含む）。

　本協定の有効期間は、○○年○○月○○日から 1 年とする。ただし、会社または組合が有効期間満了の 2 ヶ月前までに、相手方に対して異議を唱えないときは、さらに 1 年有効とし、以後も同様とする。

以上

第 8 章

不正防止と懲戒に関する
労使協定

第 1 節
社有パソコンのモニタリングの労使協定

① 労使協定の趣旨

　会社は、パソコンを必要とする業務に従事する社員に対してパソコンを貸与しています。当然のことながら、社有パソコンは業務のためにのみ使われるべきです。個人的な目的のために使うことは許されません。また、勤務時間中に社有パソコンを使用して私用メールを送信したり、インターネットを検索したりすることは、業務専念義務に違反する行為です。

　社員が社有パソコンを適切に使用しているかを確認するために、モニタリングを行っている会社は少なくないといわれます。

　社有パソコンのモニタリングの実効性を高めるため、労使協定を結びます。

② 協定の内容

　協定すべき内容は、次のとおりです。

図表　モニタリングの協定事項

① 会社は、すべての社員について、社有パソコンの使用状況を常時モニタリングする。
② すべての社員に対して、社有パソコンの使用履歴の開示を命令することがある。
③ モニタリング等によって、社有パソコンの不適切な使用が確認されたときは中止を命令する。
④ 中止命令に従わずに社有パソコンの不適切な使用を繰り返した社員を懲戒処分に付する。

③ 労使協定例

○○年○○月○○日
○○株式会社取締役社長○○○○
○○労働組合執行委員長○○○○

社有パソコンのモニタリングに関する労使協定

　○○株式会社（以下、「会社」という。）と○○労働組合（以下、「組合」という。）は、社有パソコンのモニタリングについて、次のとおり協定する。

1　社有パソコンの使用原則

　社員は、社有パソコンを業務のためにのみ使用しなければならない。個人の用件で使用してはならない。

2　モニタリング

　会社は、すべての社員について、社有パソコンの使用状況を常時モニタリングする。

3　開示命令

　会社は、すべての社員に対して、社有パソコンの使用履歴の開示を命令することがある。

4　中止命令

　会社は、モニタリング等によって、社有パソコンの不適切な使用が確認されたときは中止を命令する。

5　懲戒処分

　会社は、中止命令に従わずに社有パソコンの不適切な使用を繰り返した社員を、職務専念義務違反として懲戒処分に付する。

　本協定の有効期間は、○○年○○月○○日から 1 年とする。ただし、会社または組合が有効期間満了の 2 ヶ月前までに、相手方に対して異議を唱えないときは、さらに 1 年有効とし、以後も同様とする。

以上

第 2 節
顧客個人情報の漏洩防止の 労使協定

① 労使協定の趣旨

　一般の顧客（消費者）を対象とする会社（小売業・サービス業等）にとって、顧客の個人情報はきわめて重要な価値を持っています。顧客情報は、顧客のプライバシーと深く結び付いています。会社は、顧客情報を慎重に管理する必要があります。個人情報保護法は、会社に対して個人情報を厳重に管理することを求めています。

　顧客情報が外部に漏洩・流出するようなことがあってはなりません。しかし、情報漏洩がしばしば報道されます。情報が漏洩すると、会社の信用は著しく失墜します。

　顧客の個人情報の漏洩防止に対して、労使一体となって取り組むことが求められています。

図表　個人情報の漏洩の影響

●顧客に迷惑を掛ける
●会社の社会的信用が低下する
●会社の情報管理の甘さを指摘され、社会的信用度が低下する
●その他

② 協定の内容

⑴ 個人情報担当者の禁止事項

顧客の個人情報を業務で取り扱う社員の禁止事項を協定します。

図表　個人情報担当者の禁止事項

○他に漏洩すること
○個人情報ファイルを業務に関係のない社員に閲覧させること
○会社の個人情報管理システムを第三者に口外すること

⑵ 社外への持ち出しのルール

これまでの個人情報漏洩の事案を新聞報道で検証すると、パソコン・記憶媒体の紛失と盗難が圧倒的に多いのが実態ですので、パソコン・記憶媒体の社外への持ち出しのルールを協定するのがよいでしょう。

図表　パソコン等の社外持ち出しのルール

① 顧客の個人情報が記録されているパソコンまたは記録媒体を社外持ち出してはならない。
② やむを得ない事由により社外に持ち出すときは、あらかじめ会社の許可を得なければならない。
③ 社外へ持ち出したときは、紛失したり、盗まれたりしないように注意しなければならない。
④ 紛失したとき、または盗まれたときは、直ちに警察に届け出なければならない。

⑶ 顧客の個人情報ファイルへのアクセスの禁止

業務に関係のない社員は、顧客の個人情報ファイルにアクセスしてはならないものとします。

⑷　漏洩情報の会社への通報

　社員は、顧客の個人情報が社外へ漏洩しているという情報を入手したときは、直ちに会社へ通報しなければならないものとします。

③　労使協定例

○○年○○月○○日

○○株式会社取締役社長○○○○

○○労働組合執行委員長○○○○

お客さま個人情報の漏洩防止に関する労使協定

　○○株式会社（以下、「会社」という。）と○○労働組合（以下、「組合」という。）は、お客さま個人情報の漏洩防止について、次のとおり協定する。

1　担当社員の基本的心得

　お客さまの個人情報を業務で取り扱う社員は、個人情報が会社の重要な財産であること、およびお客さまのプライバシーと深く結び付いていることを厳しく認識し、それが社外へ漏洩することのないように注意深く管理しなければならない。

2　担当者の禁止事項

　お客さまの個人情報を業務で取り扱う社員は、次に掲げることをしてはならない。

⑴　他に漏洩すること

⑵　個人情報ファイルを業務に関係のない社員に閲覧させること

⑶　会社の個人情報管理システムを第三者に口外すること

3　社外への持ち出しの禁止

(1)　社員は、お客さまの個人情報が記録されているパソコンまたは記録媒体を社外へ持ち出してはならない。

(2)　やむを得ない事由により社外に持ち出すときは、あらかじめ会社の許可を得なければならない。

(3)　社外へ持ち出したときは、紛失したり、盗まれたりしないように注意しなければならない。

(4)　紛失したとき、または盗まれたときは、直ちに警察に届け出なければならない。

4　お客さま個人情報ファイルへのアクセスの禁止

　業務に関係のない社員は、お客さま個人情報ファイルにアクセスしてはならない。

5　漏洩情報の会社への通報

　社員は、お客さまの個人情報が社外へ漏洩しているという情報を入手したときは、直ちに会社へ通報しなければならない。

6　懲戒処分

　会社はお客さまの個人情報が社員の故意または不注意によって社外へ漏洩したときは、それに関与した社員を服務規律違反により懲戒処分に付する。

　本協定の有効期間は、○○年○○月○○日から1年とする。ただし、会社または組合が有効期間満了の2ヶ月前までに、相手方に対して異議を唱えないときは、さらに1年有効とし、以後も同様とする。

以上

第 3 節

コンプライアンス研修の労使協定

① 労使協定の趣旨

　会社の経営については、さまざまな法令が適用されています。経営全般を規制する法令もあれば、特定の業界だけに適用される法令もあります。また、商品の表示、消費者との契約、個人情報の取り扱い、金融商品の取引など、特定の業務に限って適用される法令もあります。

　経営は、法令を遵守して行われることが必要です。

　法令違反が発覚すると、「会社が指示したものではない。社員が勝手に起こしたものだ」という釈明が聞かれますが、そのような釈明が社会的に通用するわけはありません。社員がやったことは、すべて会社がやったことになります。

　会社は、労使一体となって法令の遵守（コンプライアンス）に取り組むことが必要です。

図表　法令違反の影響

●会社の経営姿勢が問われ、社会的信用が低下する

●経営者の責任が問われることがある

●罰金、科料が課せられることがある

●行政機関との取引が制限されることがある

●その他

② 協定の内容

(1) 研修の開催方法

研修の開催方法には、主として次のようなものがあります。

図表　研修の開催方法

○全社員を2つ以上のグループに分けて交替で開催する

○部門別に開催する（内容は、部門ごとに決める）

○管理職、初級管理職および一般社員に区分して開催する

○その他

(2) 受講の義務

社員は、コンプライアンス研修を受講しなければならないことを協定します。

③ 労使協定例

〇〇年〇〇月〇〇日

〇〇株式会社取締役社長〇〇〇〇

〇〇労働組合執行委員長〇〇〇〇

コンプライアンス研修に関する労使協定

　○○株式会社（以下、「会社」という。）と○○労働組合（以下、「組合」という。）は、コンプライアンス研修について、次のとおり協定する。

1　コンプライアンス研修の実施

　会社は、業務に関係する法令の内容を周知するための研修を毎年実施する。

2　研修の対象者

　全社員とする。ただし、補助職は除く。

3　講師

　講師は、弁護士および法令担当社員とする。

4　受講の義務

　社員は、必ずこの研修を受けなければならない。

　本協定の有効期間は、○○年○○月○○日から1年とする。ただし、会社または組合が有効期間満了の2ヶ月前までに、相手方に対して異議を唱えないときは、さらに1年有効とし、以後も同様とする。

以上

第 4 節

インサイダー取引防止の労使協定

① 労使協定の趣旨

　会社または取引先の経営上の重要な事実を知った者がその情報を利用して株式等の有価証券を売買することを「インサイダー取引」といいます。

　インサイダー取引は、金融商品取引法で禁止されている不正行為です。

　誰にも多かれ少なかれ金銭欲があります。インサイダー取引は、安易に利益を得ることができるため、どの会社においても起こり得る不正行為といえます。

　インサイダー取引が行われ、テレビや新聞等でで報道されると、会社の社会的信用は著しく失われます。労使一体となって、インサイダー取引の防止に取り組むことが求められます。

② 協定の内容

(1) 会社・取引先の株式等の売買の自粛

　会社または取引先の経営の重要事実を知ることのできる部門の社員に対して、会社・取引先の株式等の有価証券の売買の自粛を求めま

す。

(2)　重要事実の漏洩禁止

　職務上会社または取引先の経営上の重要事実を知る立場にある者は、知り得た事実を他に漏洩してはならないものとします。

(3)　重要事実の漏洩要求の禁止

　社員は、会社または取引先の経営上の重要事実を知り得る立場にいる者に対して、知り得た重要事実を漏洩するよう要求してはならないものとします。

(4)　会社への通報

　社員は、他の社員がインサイダー取引を行ったことを知ったときは、直ちに会社に通報しなければならないものとします。

(5)　懲戒処分

　インサイダー取引を行った社員を懲戒処分に付します。

③　労使協定例

○○年○○月○○日

○○株式会社取締役社長○○○○

○○労働組合執行委員長○○○○

インサイダー取引防止に関する労使協定

　○○株式会社（以下、「会社」という。）と○○労働組合（以下、「組合」という。）は、インサイダー取引の防止について、次のとおり協定する。

1　インサイダー取引の禁止

　社員は、インサイダー取引はもとより、その疑惑を受けるような行為をしてはならない。

2　会社の株式等の売買の自粛

　次の部門に所属する社員は、会社の株式等の有価証券の売買を自粛しなければならない。

　　　財務部／経理部／企画部／総務部／社長室

3　取引先の株式等の売買の自粛

　次の部門に所属する社員は、取引先の株式等の有価証券の売買を自粛しなければならない。

　　　法人営業部／社長室

4　重要事実の漏洩禁止

　職務上会社または取引先の経営上の重要事実を知り得る立場にある者は、知り得た事実を他に漏洩してはならない。

5　重要事実の漏洩要求の禁止

　社員は、会社または取引先の経営上の重要事実を知り得る立場にいる者に対して、知り得た重要事実を漏洩するよう要求してはならない。

6　会社への通報

　社員は、他の社員がインサイダー取引を行ったことを知ったときは、直ちに会社に通報しなければならない。

7　懲戒処分

　会社は、インサイダー取引を行った者を、服務規律違反により懲戒処分に付する。

　本協定の有効期間は、○○年○○月○○日から 1 年とする。ただし、会社または組合が有効期間満了の 2 ヶ月前までに、相手方に対して異議を唱えないときは、さらに 1 年有効とし、以後も同様とする。

以上

第5節
セクハラ・マタハラ・パワハラ防止の労使協定

① 労使協定の趣旨

周知のとおり、セクハラは他の社員に対する性的な嫌がらせ、また、マタハラは、妊娠または出産した女性社員に対す嫌がらせです。パワハラは、職務上の地位や関係を利用した嫌がらせです。

いずれも被害者の人権と名誉を著しく傷つけるもので、許しがたい行為です。

会社は、職場におけるハラスメントを防止し、明るく働きがいのある職場を形成するために労使一体となって積極的・組織的に取り組むべきです。

図表　職場のハラスメントの影響

●被害者の勤労意欲と会社への信頼感が著しく低下する
●職場の人間関係が悪くなる
●業務の能率と生産性が低下する
●マスコミで報道されると、会社の社会的信用が低下する
●その他

② 協定の内容

協定の内容は、次のとおりとするのがよいでしょう。

図表　労使協定の内容

① 社員は、他の社員に対してハラスメントをしてはならないこと
② 社員は、いつでも会社に対してハラスメントの相談をすることができること
③ 社員は、職場のハラスメントを黙認してはならないこと
④ 社員は、他の社員からハラスメントを受けたとき、または見たときは、直ちに会社に通報すること
⑤ 会社は、ハラスメントが発生したときは、加害者の懲戒処分、加害者または被害者の配置転換その他、再発防止策を講じること

③ 労使協定例

○○年○○月○○日

○○株式会社取締役社長○○○○

○○労働組合執行委員長○○○○

セクハラ・マタハラ・パワハラの防止に関する労使協定

○○株式会社（以下、「会社」という。）と○○労働組合（以下、「組合」という。）は、セクハラ・マタハラ・パワハラの防止について、次のとおり協定する。

1　セクハラの禁止

社員は、他の社員に対して次のことをしてはならない。

(1) 性的な事実関係を尋ねること
(2) 性的な内容の情報を意図的に流布すること

(3)　性的な関係を強要すること

(4)　必要なく身体に触れること

(5)　わいせつな図書、雑誌、図画、写真を配布したり、掲示したり、
　　他人の目につきやすい場所に置いたりすること

(6)　その他前記各号に準ずること

2　マタハラの禁止

　社員は、妊娠または出産した女性社員に対して次のことをしてはな
らない。

(1)　退職を勧めること

(2)　過度に仕事を与えること

(3)　仕事を与えないこと

(4)　職場において無視すること

(5)　妊娠または出産に至る経緯を細かく尋ねること

(6)　その他前記各号に準ずること

3　パワハラの禁止

　社員は、職務上の地位や関係を利用して、他の社員に対して次のこ
とをしてはならない。

(1)　暴言を吐いたり、大声で叱責すること

(2)　過度に仕事を与えること

(3)　仕事を与えないこと

(4)　職場において無視すること

(5)　私的なことに過度に立ち入ること

(6)　暴力を振るうこと

(7)　その他前記各号に準ずること

4　ハラスメントの相談

社員は、いつでも会社（人事部）に対してハラスメントの相談をすることができる。

5　黙認の禁止

社員は、職場におけるハラスメントを黙認してはならない。

6　会社への通報

社員は、他の社員からハラスメントを受けたとき、または見たときは、直ちに会社（人事課）に通報しなければならない。

7　再発防止策の実施

会社は、ハラスメントが発生したときは、加害者の懲戒処分、加害者または被害者の配置転換その他、再発防止策を講じる。

本協定の有効期間は、○○年○○月○○日から１年とする。ただし、会社または組合が有効期間満了の２ヶ月前までに、相手方に対して異議を唱えないときは、さらに１年有効とし、以後も同様とする。

以上

第6節

内部通報制度の労使協定

① 労使協定の趣旨

　社員は、法令と会社の規則を守って誠実に業務を遂行する義務を負っています。ところが、実際には、職場において、金銭の横領・着服、顧客情報の外部への漏洩、データの改ざん、虚偽の報告書の作成など、さまざまな不正事件が生じます。

　不正の発覚が遅くなればなるほど、会社の損害や被害の程度が大きくなります。また、不正を犯す社員が増える可能性もあります。

　職場において不正が行われた場合に、それに最も早く気が付くのは同僚の社員です。内部通報制度は、職場で不正が生じたときに、それを会社に知らせるという制度です。この制度については「日本の家族主義的な経営風土になじまない」という批判的な意見があります。確かに、そのような一面が存在するかもしれません。しかし、会社としては、職場の不正を少しでも早く確認する必要があります。制度的に実施する価値はあるでしょう。

図表　内部通報制度の効果

○職場の不正を早期に確認し、早期に対応することができる
○同僚の情報であるため、真実性・信ぴょう性が高い
○その他

② 協定の内容

労使協定の内容は、次のとおりとするのがよいでしょう。

図表　労使協定の内容

○不正行為の会社への通報義務と通報先
○通報の方法
○通報者の氏名その他の秘密の保護
○匿名による通報も認めること
○誤報の責任を問わないこと
○通報者への報復の禁止
○その他

③ 労使協定例

○○年○○月○○日

○○株式会社取締役社長○○○○

○○労働組合執行委員長○○○○

内部通報制度に関する労使協定

　○○株式会社（以下、「会社」という。）と○○労働組合（以下、「組合」という。）は、内部通報制度について、次のとおり協定する。

1　会社への通報義務

　社員は、職場において法令または社内規則に違反する不正行為が行われたことを知ったときは、直ちに会社（監査室）に通報しなければならない。

2　通報の方法と匿名通報

通報の方法は問わないものとする。また、匿名でも差し支えないものとする。

3　通報者の秘密の保持

会社は、通報者の氏名その他の秘密を厳守する。

4　事実関係の調査

会社は、通報を受けたときは、直ちに事実関係を調査する。

5　誤報の責任

会社は、事実関係の調査の結果、不正が行われていないことを確認した場合において、通報者の責任は問わないものとする。

6　通報者への報復の禁止

不正行為をしたと通報された社員は、通報者に対して報復をしてはならない。

本協定の有効期間は、○○年○○月○○日から１年とする。ただし、会社または組合が有効期間満了の２ヶ月前までに、相手方に対して異議を唱えないときは、さらに１年有効とし、以後も同様とする。

以上

第 7 節

懲戒制度の労使協定

① 労使協定の趣旨

　会社は、法令や服務規律に違反した社員を懲戒処分にする権利があります。懲戒処分は、職場の規律を維持するために極めて重要です。服務規律が守られていないと、日常の業務にさまざまな支障が生じます。また、取引先や消費者の信用を失うことにもなります。

　懲戒制度を円滑に行うため、懲戒処分の種類について、労働組合との間で一定の合意を形成しておくことが望ましいといえます。

② 協定の内容

(1) 懲戒の種類

　懲戒の種類は、一般的には、訓戒、減給、出勤停止、降格・降職および懲戒解雇です。

(2) 減給

　減給について労働基準法は「１回の額が基準内賃金の１日分の半額を超え、総額が１ヶ月の基準内賃金の10分の１を超えてはならない」と定めています。

(3)　出勤停止

　これは、出勤を禁止し、自宅で謹慎させるという処分です。期間中は勤務しないわけですから、給与は支払われません。

　出勤停止の期間について、労働基準法の定めはありません。上限の日数は、一般的・常識的には、10労働日程度とするのが妥当でしょう。

③　労使協定例

○○年○○月○○日

○○株式会社取締役社長○○○○

○○労働組合執行委員長○○○○

懲戒制度に関する労使協定

　○○株式会社（以下、「会社」という。）と○○労働組合（以下、「組合」という。）は、懲戒制度について、次のとおり協定する。

1　懲戒処分

　会社は、社員が法令または服務規律に違反したときは懲戒処分とする。

2　懲戒の種類

　懲戒は、その情状により、次の区分に従う。

(1)　訓戒　　始末書を取り、将来を戒める。

(2)　減給　　始末書を取り、１回の額が所定内給与の１日分の半額、総額が所定内給与の１ヶ月分の10分の１の範囲内で減給する。

⑶　出勤停止　　始末書を取り、10勤務日の範囲内で出勤を停止する。その期間の給与は支払わない。

⑷　降職　　　　下位の役職へ降職させる。

⑸　懲戒解雇　　予告期間を設けることなく、即時に解雇する。労働基準監督署の認定を受けたときは、予告手当を支払わない。

　本協定の有効期間は、○○年○○月○○日から１年とする。ただし、会社または組合が有効期間満了の２ヶ月前までに、相手方に対して異議を唱えないときは、さらに１年有効とし、以後も同様とする。

以上

第8節

懲戒基準の労使協定

① 労使協定の趣旨

　懲戒処分は、会社という組織の秩序と規律を維持するうえできわめて重要ですが、社員の名誉に大きな影響を与えます。懲戒解雇という処分を受ければ、社員としての身分を失うことになります。

　懲戒権は、社会的常識の範囲において適正に行使されることが必要です。濫用されるようなことがあってはなりません。

　懲戒制度の円滑な運用と労使の信頼関係の維持という観点から判断すると、懲戒処分の決定基準について労使の合意を形成しておくことが望ましいといえます。

② 協定の内容

(1) 懲戒の決定基準

　懲戒処分の種類および程度は、次の事項を総合的に判断して決定するのが妥当です。

図表　懲戒の決定基準

(1)　服務規律違反の内容
(2)　故意または過失の程度
(3)　業務への影響の程度
(4)　違反行為の動機
(5)　反省の程度
(6)　その他

(2)　懲戒の軽減

　懲戒行為をした者が次のいずれかに該当するときは、懲戒を軽減し、または免除することが妥当でしょう。
　○情状酌量の余地あるとき
　○改悛の情が明らかに認められるとき

(3)　懲戒の加重

　懲戒行為者が次のいずれかに該当するときは、懲戒を加重するものとします。
　・前回の懲戒処分から1年を経過していないとき
　・同時に2つ以上の懲戒行為をしたとき

③　労使協定例

○○年○○月○○日
○○株式会社取締役社長○○○○
○○労働組合執行委員長○○○○

懲戒基準に関する労使協定

　○○株式会社（以下、「会社」という。）と○○労働組合（以下、

「組合」という。）は、懲戒処分の基準について、次のとおり協定する。

1　懲戒の決定基準

　懲戒処分の種類および程度は、次の事項を総合的に判断して決定する。

(1)　服務規律違反の内容

(2)　故意または過失の程度

(3)　業務への影響の程度

(4)　違反行為の動機

(5)　反省の程度

(6)　その他

2　懲戒の軽減

　懲戒行為をした者が次のいずれかに該当するときは、懲戒を軽減し、または免除することがある。

(1)　情状酌量の余地あるとき

(2)　改悛の情が明らかに認められるとき

3　教唆・手助けの懲戒

　社員が他の社員をそそのかし、または手助けをして懲戒行為をさせたときは、懲戒行為者に準じて懲戒処分を行う。

4　懲戒の加重

　懲戒行為者が次のいずれかに該当するときは、懲戒を加重する。

(1)　前回の懲戒処分から 1 年を経過していないとき

(2)　同時に 2 つ以上の懲戒行為をしたとき

5　役職者の監督責任

　役職者の監督不行き届きにより部下が懲戒行為をしたときは、その監督責任の範囲において役職者を懲戒処分に付する。

　本協定の有効期間は、○○年○○月○○日から１年とする。ただし、会社または組合が有効期間満了の２ヶ月前までに、相手方に対して異議を唱えないときは、さらに１年有効とし、以後も同様とする。

以上

第 9 章

業績不振対策に関する
労使協定

第 1 節

経費節減の労使協定

① 労使協定の趣旨

　経営者の役割は、会社の業績を上げることです。売上や受注を伸ばし、利益を上げることです。経営者は誰もが業績の向上のために日夜努力を払い、創意工夫を重ねています。

　経営環境は、常に変化しています。環境の変化によって、業績が不振に陥ることがあります。売上や受注が低迷し、苦境に陥ることがあります。最近も、新型コロナウィルスの感染拡大、急激な円安の進行、原油価格の上昇などによって、多くの会社が業績不振に追い込まれたことは記憶に新しいことです。

　不幸にして業績不振に陥ったとき、あるいは業績不振に陥ることが見込まれるときは、経費の節減に取り組む必要があります。経費節減には一般社員の理解と協力が必要です。会社だけの努力では、限界がありませ。このため、労働組合との間で、経費節減への取り組みについて協定を結び、組合の理解と協力を得て、節減に取り組みます。

② 協定の内容

(1) 節減の対象費目

節減を求める経費の費目を定めます。一般的には、図表に示すものがあります。

図表　節減する経費

- ・光熱費、水道費
- ・通信費
- ・文房具費
- ・タクシー代
- ・資料の印刷代
- ・諸団体への寄付金、賛助金
- ・交際費、接待費
- ・会議費
- ・その他日常的に支出されるもの

(2) 組合の協力

労働組合も経費の削減に積極的に協力することを明記します。

③ 労使協定例

　　　　　　　　　　　　　　　　　　○○年○○月○○日

　　　　　　　　　　　○○株式会社取締役社長○○○○印

　　　　　　　　　　　○○労働組合執行委員長○○○○印

経費節減に関する労使協定

　○○株式会社（以下、「会社」という。）と○○労働組合（以下、「組合」という。）は、業績不振に伴う経費の節減について、次のとおり協定する。

1　経費の節減

　会社は、業績の不振に対応し、次の経費の節減に取り組む。

①　光熱費、水道費

②　通信費

③　文房具費

④　タクシー代

⑤　資料の印刷代

⑥　諸団体への寄付金、賛助金

⑦　交際費、接待費

⑧　会議費

⑨　その他日常的に支出されるもの

2　組合の協力

　組合は、会社の経費節減に積極的に協力する。

3　業績回復への努力

　会社は、業績の回復を目指して、引き続き最大限の努力をする。

　本協定は、○○年○○月○○日から当分の間有効とする。

以上

第 2 節

会議費・出張旅費節減の労使協定

① 労使協定の趣旨

⑴　会議費の節減

会議には、

- ・参加者の間で情報の共有、意思の統一を図れる
- ・会社の指示命令を各部門と関係社員に効率的に伝達できる
- ・各部門の業務報告を効率的に受けることができる
- ・参加者の経営参加意識を高めることができる
- ・社内の一体感、連帯感を形成できる

など、多くのメリットがあります。このため、多くの会社で日常的に会議が開かれています。社員数が一定以上の会社で会議がほとんど開かれていないというところは存在しないでしょう。

しかし、その一方において、会議には、

- ・必要以上の社員が出席する
- ・時間が長すぎる

などの問題点も指摘されています、

業績が不振のときは、会議の効率化・合理化を図り、その労力と経費を本来の業務に集中させるのが望ましいといえます。

⑵　出張旅費の節減

出張には、

・本社の決定事項や指示命令を各事業所に伝達することができる

・各事業所の業務報告を効率的に受けることができる

・取引先やサプライチェーンとの意見の交流を図れる

・業界団体や官庁の情報を入手できる

など、多くのメリットがあります。

海外への出張が日常的の行われている会社も少なくありません。

しかし、出張には、問題点もあります。

最大の問題は、出張旅費（交通費・宿泊費）の負担が大きいことです。

売上や受注が低迷して業績が不振であるときは、出張旅費の削減に努めることが望まれます。

⑶　労使協定の締結

会議費と出張旅費の削減には、労働組合の理解と協力が必要です。このため、組合に対して会社の窮状を説明したうえで労使協定を締結してその節減に努めることが現実的でしょう。

②　労使協定の内容

⑴　会議費の節減方法

会議費の節減方法を協定します。一般的には、図表に示すような方法があります。

図表　会議費の節減方法

- ・会議のオンライン化
- ・出席者を必要最小限に絞る
- ・会議を効率的に進め、所要時間の短縮を図る
- ・開催時間数を制限する（例えば、2時間以内）
- ・議題を絞り込む
- ・中座を禁止する
- ・開始時刻、終了時刻の厳守
- ・湯茶の提供禁止
- ・その他

⑵　出張旅費の節減方法

　出張旅費の節減方法を協定します。節減の方法には、一般的に、図表に示すようなものがあります。

図表　出張旅費の節減方法

- ・オンラインへの切り替え
- ・出張する人員を必要最小限に絞る
- ・出張期間をできる限り短縮する
- ・日帰り出張が可能であるときは、日帰り出張とする
- ・日当の金額の引き下げ
- ・格安航空券の利用
- ・グリーン車の利用を制限する
- ・ビジネスホテルの利用
- ・出張先でのタクシーの利用を制限する
- ・その他

⑶　組合の協力

　労働組合が会社の会議費と出張旅費の節減に協力することを協定し

ます。

③　労使協定例

○○年○○月○○日

○○株式会社取締役社長○○○○

○○労働組合執行委員長○○○○

会議費・出張旅費の節減に関する労使協定

　○○株式会社（以下、「会社」という。）と○○労働組合（以下、「組合」という。）は、業績不振に伴う会議費および出張旅費の節減について、次のとおり協定する。

1　会議費の節減

　会社は、会議費を節減するため、次の措置を講じる。

①　会議のオンライン化

②　出席者を必要最小限に絞る

③　会議を効率的に進め、所要時間の短縮を図る

④　開催時間数を制限する（原則2時間以内）

⑤　議題を絞り込む

⑥　会議中の中座を禁止する

⑦　開始時刻、終了軸の厳守

⑧　湯茶の提供禁止

⑨　その他

2　出張旅費の節減

　会社は、出張旅費を節減するため、次の措置を講じる。

①　オンラインへの切り替え

 ② 　出張する人員を必要最小限に絞る

 ③ 　出張期間をできる限り短縮する

 ④ 　日帰り出張が可能であるときは、日帰り出張とする

 ⑤ 　日当の金額の引き下げ

 ⑥ 　格安航空券の利用

 ⑦ 　グリーン車の利用を制限する

 ⑧ 　ビジネスホテルの利用

 ⑨ 　出張先でのタクシーの利用を制限する

 ⑩ 　その他

3　組合の協力

組合は、会社の会議費および出張旅費の節減に積極的に協力する。

4　業績回復への努力

会社は、業績の回復を目指して、引き続き最大限の努力をする。

本協定は、〇〇年〇〇月〇〇日から当分の間有効とする。

以上

第3節

接待費・交際費節減の労使協定

① 労使協定の趣旨

　会社の経営において、取引先（商品の販売先、原材料や部品の仕入先等）との間で良好な関係を維持することはきわめて重要です。接待費・交際費は、取引先との間の関係を良好にするうえで、重要な役割を果たします。業務の終了後に、飲食を共にしながら歓談するという打ち解けた雰囲気の中で、商売に関係する重要な情報を得ることもできます。

　しかし、接待費・交際費は、飲食を伴うという性格上、とかく予算をオーバーしがちです。

　業績が不振のときは、社員の理解と協力を得て、接待費・交際費についても、節減を図ることが望ましいといえます。

　「接待費・交際費は、営業上必要不可欠である」といって、節減の対象外とするのは、正しい経営判断とは言えないでしょう。

② 協定の内容

(1) 節減のための措置

　接待費・交際費を節減するための措置を協定します。節減のための

措置としては、一般的には、図表に示すようなものがあります。

図表　接待費・交際費の節減策

・接待費・交際費の支出は、必要性が高い場合に限定する
・接待費・交際費の支出は、事前届け出制または許可制とする
・出席者を必要最小限に留める
・一人当たりの支出額について、上限を設ける
・飲食の時間数の制限
・手土産の廃止
・二次会の禁止
・その他

(2)　労働組合の協力

組合も、接待費・交際費の節減に協力する旨を明記します。

③　労使協定例

○○年○○月○○日
○○株式会社取締役社長○○○○印
○○労働組合執行委員長○○○○印

接待費・交際費の節減に関する労使協定

○○株式会社（以下、「会社」という。）と○○労働組合（以下、「組合」という。）は、業績不振に伴う接待費・交際費の節減について、次のとおり協定する。

1　接待費・交際費の節減措置
　会社は、接待費・交際費を節減するため、次の措置を講じる。

① 会社全体の接待費・交際費の年間予算の計上

② 部門別の接待費・交際費の年間予算の決定

③ 接待費・交際費の支出は、必要性が高い場合に限定する

④ 接待費・交際費の支出は、事前届出制とする

⑤ 出席者を必要最小限に留める

⑥ 一人当たりの支出額について、上限を設ける

⑦ 飲食の時間数の制限

⑧ 手土産の廃止

⑨ 二次会の禁止

⑩ その他

2　組合の協力

組合は、会社の接待費・交際費の節減に積極的に協力する。

本協定は、○○年○○月○○日から当分の間有効とする。

以上

第4節

中途採用停止の労使協定

① 労使協定の趣旨

社員が結婚、出産、他社への転職などで退職すると、職場の要員が不足し、業務に支障が生じます。例えば、勤続5年の女性事務員が結婚を理由として退職すると、事務部門の業務に支障が生じます。

会社の多くは、社員が中途退職をすると、中途採用をして欠員の補充を行います。退職者が出た都度、欠員補充をする会社もあれば、退職者が一定の人数に達してから、一括して補充をする会社もあります。

売上や受注が低迷して業績が不振であるときは、職場の人員に余剰が生じています。極端な場合には、社員（組合員）が朝出勤しても、する仕事がなく、他の社員と雑談をして時間を過ごすという状況が生じます。

業績不振のときに、退職者の補充をすると、人員がさらに過剰となり、人件費の負担が重くなります。

業績が良くないときは、労働組合の理解と協力を得て、退職者の補充のための中途採用を原則として停止するのが合理的・現実的です。

② 協定の内容

(1)　中途採用の停止

　退職者の補充のための中途採用は、次の場合を除いて、原則として行わないことを協定します。

　　①　専門的な知識または特別の技術・技能を必要とする業務を担当していた社員が退職した場合
　　②　その他、欠員を補充しないと、業務に大きな支障が生じる恐れがある場合

(2)　欠員対策

　退職者が担当して業務は、在籍者が分担して処理することを協定します。

③ 労使協定例

○○年○○月○○日

○○株式会社取締役社長○○○○

○○労働組合執行委員長○○○○

退職者の補充停止に関する労使協定

　○○株式会社（以下、「会社」という。）と○○労働組合（以下、「組合」という。）は、業績不振に伴う退職者の補充停止について、次のとおり協定する。

1　退職者の補充のための中途採用の停止
　退職者の補充のための中途採用は、次の場合を除いて、原則として

行わない。

① 専門的な知識または特別の技術・技能を必要とする業務を担当していた社員が退職した場合

② その他、欠員を補充しないと、業務に大きな支障が生じる恐れがある場合

2　欠員対策

退職者が担当して業務は、在籍者が分担して処理する。必要と認めるときは、パートタイマーを雇用して対応する。

本協定は、〇〇年〇〇月〇〇日から当分の間有効とする。

以上

第5節

配置転換の労使協定

---

① 労使協定の趣旨

　業績不振に陥ると、人員が余剰になる部門が出ます。製品の売れ行きや受注が減少するわけですから、一般的には、生産部門、現業部門、事務部門、間接部門において余剰人員が発生します。

　一方、販売や受注を伸ばすために、営業部門の人員を拡充することが必要になります。

　このため、人員の余剰が発生した部門から営業部門への配置転換を行うのが合理的・現実的です。配置転換を整然と行うためには、その対象部門、人員、配置転換の期間などについて、あらかじめ労働組合との間で協定を結んでおく必要があります。

② 協定の内容

(1)　配置転換元と配置転換先

　どの部門において人員が余剰になっているかを掌握したうえで、配置転換部門を決定します。

　一方、配置転換先は、「営業力を強化する」という目的から、営業部門とします。

⑵　配点間の人員

人員がどの程度余剰になっているかを客観的に掌握したうえで、配置転換する人員を協定します。

余剰人員の算定は、簡単なようで実際には大変難しい問題です。その部門の管理者（部長・課長）の意見を踏まえて、転換する人員を決めます。

⑶　配置転換の実施時期

配置転換は、できる限り早期に実施することが望ましいといえます。余剰の状態をそのまま放置しておくと、人件費の負担増から経営がさらに苦境に追い込まれるからです。

⑷　配置転換の期間

配置転換の期間を定めないと、転換を命令された社員は不安を感じます。全社員一丸となって業績の回復に当たらなければならないときに、配置転換する社員に不安を与えるのは避けるべきです。このため、「6ヶ月」「1年」という形で、期間を定めるのが望ましいといえます。ただし、業績の回復次第で、転換期間を短縮し、または延長することがある旨、協定します。

⑸　転換前の研修

配置転換を命令された社員は、誰もが「転換先での業務をうまくやれるだろうか」という不安と懸念を抱いています。これまでとは異なる業務を担当することになるわけですから、不安を持つのはきわめて当然のことでしょう。

このため、転換先での業務に必要な知識を習得させるための研修を行います。

⑹　給与

配置転換後も給与に変更のないことを明記します。

③　労使協定例

○○年○○月○○日

○○株式会社取締役社長○○○○

○○労働組合執行委員長○○○○

配置転換に関する労使協定

○○株式会社（以下、「会社」という。）と○○労働組合（以下、「組合」という。）は、業績不振に伴う配置転換について、次のとおり協定する。

1　配置転換の内容

⑴　○○部から営業部へ　　10名

⑵　○○部から営業部へ　　 5名

2　配置転換日

　○○年○月○日

3　配置転換の期間

　6ヶ月。ただし、業績の状況により、期間を短縮し、または延長することがある。

4　転換前研修

　配置転換前に、転換先における業務遂行に必要な知識を習得するた

めの研修を行う。

5　給与

　　配置転換後においても、給与に変更はないものとする。

　　本協定は、〇〇年〇〇月〇〇日から当分の間有効とする。

以上

第6節

定期昇給停止の労使協定

① 労使協定の趣旨

多くの会社が毎年4月に、社員の給与（基本給）を引き上げています。社員一人ひとりについて、年齢、勤続年数、職務遂行能力、勤務態度（規律性、協調性、積極性、責任性その他）、勤務成績（仕事の量、仕事の質）などを総合的に評価して昇給率・昇給額を決定しています。

社員も、4月の定期昇給を期待しています。労働組合も、昇給率・昇給額について、会社に要求を出します。

定期昇給制度は、

・社員の勤労意欲を高める

・社員の会社への定着率を高める

・社員の募集・採用において有利となる

などの効果があります。

しかし、業績不振のときは、人件費を少しでも抑制することが必要です。このため、労働組合に対して経営状況がきわめて苦しいことを説明し、定期昇給の抑制・停止について、理解と協力を求めます。

② 協定の内容

定期昇給停止の対象者については、

　・社員（組合員）全員とする

　・一定の年齢以上の社員に限定する

　・一定の勤続年数以上の社員に限定する

などがあります。

③ 労使協定例

○○年○○月○○日

○○株式会社取締役社長○○○○

○○労働組合執行委員長○○○○

定期昇給の停止に関する労使協定

　○○株式会社（以下、「会社」という。）と○○労働組合（以下、「組合」という。）は、業績不振に伴う定期昇給停止について、次のとおり協定する。

　○○年4月予定の定期昇給を停止する。

以上

第7節

賞与の支給停止の労使協定

① 労使協定の趣旨

　多くの会社が夏季と年末の年2回、社員に賞与（ボーナス）を支給しています。社員も、夏季と年末に賞与が支給されることを前提として、生活設計を立てています。デパート、スーパー、それに商店街は、賞与の支給シーズンになると、大売出しや特別セールを開催し、人々の消費意欲を掻き立てます。

　夏季と年末の賞与の支給は、日本の社会に深く溶け込んでいます。

　しかし、業績不振の会社にとって、賞与の支給は重い負担です。経営収支が良くないのに敢えて賞与を支給すると、経営基盤がさらに弱くなり、経営危機に追い込まれる可能性があります。

　経営者にとって、賞与の支給停止はきわめて苦しい決断でしょう。しかし、業績の回復と会社の存続、さらには社員の雇用の維持を考えると、業績がきわめて良くないときは、労働組合の理解を得て、賞与の支給を停止するのが賢明でしょう。

② 協定の内容

　賞与の支給停止の取り扱いには、実務的に、

・支給を全面的に停止する

・賞与の支給を停止し、その代わりに「生活支援金」「特別手当」
　「生活手当」あるいは「越冬資金」などの名目で一定の金額（10
　〜30万円程度）を支給する

の2つがあります。

「生活支援金」などの名目で一定の金額を支給する場合、その決め
方には、

・全社員（全組合員）同額とする
・年齢の区分に応じて決める
・勤続年数の区分に応じて決める
・扶養家族の有無別に決める

などがあります。

図表　生活支援金の決め方

	例
全員同額支給	全員20万円
年齢区分方式	20歳代➡10万円 30歳代➡15万円 40歳代以上➡20万円
勤続年数区分方式	5年未満➡10万円 5年以上➡20万円
扶養家族の有無別	扶養家族あり➡30万円 扶養家族なし➡15万円

③　労使協定例

○○年○○月○○日

○○株式会社取締役社長○○○○

○○労働組合執行委員長○○○○

○○年年末賞与の支給停止に関する労使協定

　○○株式会社と○○労働組合は、業績不振に伴う賞与の支給停止について、次のとおり協定する。

1　○○年の年末賞与は支給しない。

2　組合員の生活を支援するため、次の支援金を支給する。支給日は、12月○日とする。

　　　扶養家族のある者　20万円

　　　扶養家族のない者　10万円

以上

第 8 節

一時休業の労使協定

① 労使協定の趣旨

　メーカーが経営を円滑に展開するためには、常に適正な量の在庫を維持しておくことが必要です。在庫は、過剰であっても良くなければ、過小であっても好ましくありません。

　在庫の維持・保管・管理には、一定のコストがかかります。販売が不振になると、当然のことながら在庫が過剰となり、在庫管理のコストが経営を圧迫します。過剰在庫を解消し、在庫を適正水準に戻すためには、生産を抑制する必要があります。

　在庫の調整のために生産を一時的に休止するのが「一時休業」です。一時休業は、メーカーの雇用調整手段として広く活用されています。

　会社は、社員の雇用を維持しつつ業績の回復を図ることが必要です。一時休業は、社員の雇用を守りながら業績の回復を図れるというメリットがあります。

　一時休業を整然と行うため、労使協定を締結します。

② 協定の内容

(1) 対象部門

　一時休業の主たる目的は、生産を抑制することです。したがって、生産部門とその関係部門を対象とするのが一般的です。

(2) 休業人員と休業日数

　一時休業を命令する人員と休業期間は、
- 社内・社外の在庫の量
- 一日平均の販売量
- 一日平均の生産量

などを総合的に勘案して決定します。

(3) 休業の方法

　休業の方法には、図表に示すようなものがあります。

図表　休業の方法

方式	例
連続方式	9月1〜5日の5日間休業する
分散方式	9月の毎週月曜を休業する
いっせい方式	生産部門の全員を休業させる
交替方式	Aグループ➡9月1〜5日の休業 Bグループ➡9月7〜12日休業

(4) 休業手当の支給

　労働基準法の定めるところにより、休業手当（平均賃金の6割）を支給します。

⑸　給与のカット

休業した日数だけ給与をカットします。

③　労使協定例

〇〇年〇〇月〇〇日
〇〇株式会社取締役社長〇〇〇〇
〇〇労働組合執行委員長〇〇〇〇

一時休業に関する労使協定

　〇〇株式会社と〇〇労働組合は、業績不振に伴う一時休業について、次のとおり協定する。

1　休業の対象部門・対象者

　次の部門に所属する者。ただし、機械設備の保守点検の担当者は除く。

(1)　生産部

(2)　検査部

(3)　物流部

2　　休業期間

　〇月〇日（〇）〜〇月〇日（〇）

3　休業手当の支払

　休業1日につき平均賃金の60％を休業手当として支払う。

4　給与のカット

　休業1日につき所定内給与の1日分をカットする。

以上

第9節

希望退職の労使協定

① 労使協定の趣旨

　不幸にして業績が不振に陥った場合、経営者は誰もが一日も早い業績の回復のために最大の努力を払います。売上・受注を少しでも伸ばすために懸命の努力を払います。

　しかし、業績の回復は容易ではありません。

　業績の不振が深刻で、しかもその回復が容易ではないと判断されるときは、人員を削減する必要があります。過剰人員を放置しておくと、人件費の負担増により、経営収支がさらに悪くなる可能性があります。

　過剰人員を解消するために講じられる措置が「希望退職」です。希望退職は、一時休業と並んで代表的な雇用調整策です。

② 協定の内容

(1) 募集人員

　はじめに、募集人員を協定します。募集人員が業績の実態に比較して少ないと、人員の過剰が解消されず、業績の回復がそれだけ遅れる可能性があります。逆に、多すぎると、業績が回復したときに生産・

販売が追い付かず、取引先や消費者に迷惑を掛けることになります。

(2)　募集の対象者

　募集の対象者については、

・全社員とする

・一定の年齢以上の者とする（例えば、45歳以上）

・一定の職種に限定する（例えば、生産職）

などがあります。

(3)　募集期間

　募集期間を協定します。期間は、2週間程度とするのが適切でしょう。

(4)　退職日

　退職日を協定します。

(5)　退職金の優遇の内容

　希望退職においては、退職を促すために退職金を優遇するのが一般的です。優遇の方法には、

・一定額を上積みする

・月収の一定月数分を加算する

・退職金の一定割合を加算する

などがあります。

③　労使協定例

○○年○○月○○日

○○株式会社取締役社長○○○○

〇〇労働組合執行委員長〇〇〇〇

希望退職に関する労使協定

　〇〇株式会社（以下、「会社」という。）と〇〇労働組合（以下、「組合」という。）は、業績不振に伴う希望退職について、次のとおり協定する。

1　募集人員
　〇〇人

2　募集対象者
　45歳以上の者。ただし、業務上特に必要とされる者を除く。

3　募集期間
　〇月〇日（〇）～〇月〇日（〇）

4　退職日
　〇月末日

5　退職金の割増し
　退職時の年齢に応じて、退職金を次のとおり割増支給する。

　　　　45～49歳　　　50％割増
　　　　50～54歳　　　40％割増
　　　　55歳以上　　　30％割増

6　その他
(1)　会社は、対象者に対して退職を強制しない。
(2)　会社は、募集期間の途中で応募者が募集人員に達したときは、そ

の時点で募集を中止する。

(3)　会社は、応募者が募集人員に達しなかったときの対応は、あらた
めて組合と協議する。

以上

第10章

大地震対策に関する
労使協定

第1節
夜間・休日の大地震対策の労使協定

① 労使協定の趣旨

　近い将来、大規模な地震が発生する可能性が高いという見通しが出されています。

　不幸にして大地震が発生したときは、迅速に対応することが必要です。対応が遅いと、被害が拡大する恐れがあります。場合によっては、再建が困難になることも考えられます。

　対応が難しいのは、大地震が夜間や休日に発生したときです。迅速かつ適切に対応するためには、あらかじめ出社すべき社員の範囲、業務の指揮命令の仕組み、業務の内容などを経営の実態に応じて合理的・現実的に決めておくことが必要です。

　大地震が夜間や休日に発生した場合に備えて、対応策について労使協定を結んでおきます。

　大地震の発生可能性が高いとされる現時点において、夜間・休日の大地震対策に関する合理的・現実的な労使協定の締結は、きわめて重要なリスクマネジメントといえます。

② 協定の内容

(1) 出社の義務

　震度6以上の大地震が夜間または休日に発生したときは、会社から一定距離（例えば、10km）以内に居住する社員は、直ちに出社しなければならないものとします。

（協定例1）

　震度6以上の大地震が夜間または休日に発生したときは、会社から10km以内に居住する社員は、直ちに出社しなければならない。

　10kmを超え15km以内に居住する単身者は、出社するように努めなければならない。

（協定例2）

　大規模地震（震度6以上）が営業時間外に発生したときは、会社からおおむね10km以内に居住する社員は直ちに自転車または徒歩で出社し、会社の資産の保全等に当たらなければならない。出社に当たっては、身の安全に十分配慮しなければならない。

（協定例3）

　会社からおおむね15km以内に住む者は、震度6以上の大規模地震が夜間または休日に発生したときは直ちに出勤し、会社資産の保全、被害の確認等の業務に当たるものとする。

(2) 出社義務の免除

　常識的に判断すると、地震で家族が死傷した者や、妊娠中または出産直後の者などには出社の義務を課さないことにするのが妥当でしょう。

（協定例）

　次に該当する者は、出社しなくても差し支えない。

① 妊娠中または出産直後の者

② 自分または家族が死亡または重傷を負った者

③ 自宅が半壊または全壊した者

④ 道路が損壊し、通行できないとき

⑤ その他出社することのできない特別の事情にある者

(3)　出社時の服装と携行品

①　混乱の中の業務

社員は、家に残した家族の安全を心配しながら、大地震で混乱する町の中を自転車や徒歩で会社に向かいます。地震（余震）が起こるのではないか、という不安もあります。心配や不安を解消し、安心して行動するためには、地震の被害や気象について最新の正しい情報を入手すると同時に、家族や会社と連絡することのできる状況を確保することが必要です。

また、会社では、被害の調査などに当たることになりますが、一般に被害の調査は汚れを伴う仕事です。

さらに、出社後の業務にどれほどの時間を要するかは、まったく予測がつきません。1時間か2時間程度で済むかもしれないし、長時間に及ぶかもしれません。

会社周辺の商店や飲食店も、地震で被害を受けて閉店している可能性が高いといえます。

すべてが異常事態で、非日常なのです。

これらのことを考慮すると、

・作業をしやすい服装で出社すること

・携帯電話、携帯ラジオ、軍手、非常食、飲料などを携帯することを協定するのがよいでしょう。

②　協定例

出社時の服装と携行品に関する協定例を示すと、次のとおりです。

（協定例）

○出社する者は、作業をしやすい服装を着用し、かつ、最低次の物を
　携行しなければならない。

　　①　携帯電話

　　②　携帯ラジオ

　　③　懐中電灯

　　④　軍手、マスク、帽子

　　⑤　非常用食品および飲料

⑷　出社後の緊急業務

　出社した社員の行うべき業務の内容を協定します。一般的には、会
社の資産の保全、被害の調査、社員・役員の安否の確認などを行うの
が現実的でしょう。

（協定例１）

○出社した者は、次の業務を行う。業務の遂行に当たっては、身の安
　全に十分配慮し、かつ、他の社員とよく協力・協調するものとす
　る。

　　①　会社の資産の保全

　　②　被害の調査

　　③　役員・社員の安否の確認

　　④　その他

（協定例２）

○出社した者は、指揮命令者の指揮命令に従い、次の業務をしなけれ
　ばならない。指揮命令者が到着していないときは、自己の判断によ
　り、適切な業務を行うものとする。

　　1　会社資産の保全

　　2　重要書類の保全

　　3　被害の調査

 4 建物への立ち入り禁止の措置

 5 役員・社員の安否の確認

 6 情報の収集

 7 その他

（協定例3）

○出社した者は、会社施設への社外者の立ち入り禁止の措置を講じた後、資産の保全および被害の調査等に当たるものとする。

⑸　特別手当の支給

①　特別手当支給の趣旨

出社は、会社の業務命令で行われるものです。

 ・時間外や休日に出社する

 ・社会的な混乱と動揺の中を出社する

 ・出社して危険を伴う業務を行う

などの事情に配慮して、一定の額の特別手当を支給するのがよいでしょう。

②　協定例

特別手当の支給に関する協定例を示すと、次のとおりです。

（協定例1）

○出社する者に対して、次の区分により、特別手当を支給する。

  業務が4時間未満のとき　　　○円

  業務が4時間を超え、8時間未満のとき　　　○円

  業務が8時間を超えるとき　　　○円

（協定例2）

○出社する者に対して、災害出社手当を支給する。手当は○円とする。

（協定例3）

○出社する者に対しては、業務に従事した時間の時間外勤務手当に相

当する額を災害対応手当として支給する。

③　労使協定例

○○年○○月○○日
○○株式会社取締役社長○○○○
○○労働組合執行委員長○○○○

夜間・休日の大地震対策に関する労使協定

　○○株式会社（以下、「会社」という。）と○○労働組合（以下、「組合」という。）は、夜間・休日の大地震対策について、次のとおり協定する。

1　出社の義務

　震度6以上の大地震が夜間または休日に発生したときは、事業所から10km以内に居住する社員は、直ちに出社しなければならない。

　10kmを超え15km以内に居住する単身者は、出社するように努めなければならない。

2　出社の免除

　前号の定めにかかわらず、次に該当する者は、出社しなくても差し支えない。

(1)　妊娠中または出産直後の者

(2)　自分または家族が死亡または重傷を負った者

(3)　自宅が半壊または全壊した者

(4)　道路が損壊し、通行できないとき

(5)　その他出社することのできない特別の事情にある者

3　出社時の服装と携行品

　出社する者は、作業をしやすい服装を着用し、かつ、最低次の物を携行しなければならない。

(1)　携帯電話

(2)　携帯ラジオ

(3)　懐中電灯

(4)　軍手、マスク、帽子

(5)　非常用食品および飲料

4　出社後の緊急業務

　出社した者は、指揮命令者の指揮命令に従い、次の業務をしなければならない。指揮命令者が到着していないときは、自己の判断により、適切な業務を行うものとする。

(1)　会社資産の保全

(2)　重要書類の保全

(3)　被害の調査

(4)　建物への立ち入り禁止の措置

(5)　役員・社員の安否の確認

(6)　情報の収集

(7)　その他

5　業務の継続

　出社した者は、指揮命令者が退社命令を出すまで業務を継続しなければならない。

6　傷害の取り扱い

　社員が出社の途上または業務遂行中に傷害を負ったときは、労働災害として取り扱う。

7　災害出社手当の支給

出社した者に対して、災害出社手当を支給する。

業務が4時間未満のとき　　○円

業務が4時間を超え、8時間未満のとき　　○円

業務が8時間を超えるとき　　○円

本協定の有効期間は、○○年○○月○○日から1年とする。ただし、有効期間満了日の2ヶ月前までに、会社・組合のいずれからも異議の申出がないときは、さらに1年有効とし、以降も同様とする。

以上

第 2 節
夜間・休日の大地震時の
安否確認の労使協定

① 労使協定の趣旨

　会社にとって、社員ほど大事な経営資源は存在しません。

　大地震が発生すると、建物の損壊や火災等によって社員が死傷する可能性があります。政府の災害関係機関も、大地震によって多数の死傷者が出るという厳しい試算を発表しています。社会的な混乱・混迷と破壊の中で社員の安否を確実かつ迅速に掌握するというのは大変に難しいことですが、労使の間で一定の合意を形成しておくことが望まれます。

　社員の安否の確認は、会社の復旧・復興の重要なファースト・ステップです。

図表　大地震後の社員の安否確認のポイント

○地震発生直後から始める
○組織的に行う
○社会的な混乱の中で現実的な方法で行う
○安否確認システムを社員に周知しておく

② 協定の内容

(1) 大地震発生直後の安否の確認方法

　大地震が発生すると、交通網・通信網が寸断されるとともに、生活や家屋が損壊するなどして、社会は大混乱に陥ります。普段は円滑・効率的に行われていたことが行えなくなります。普段は冷静な社員も冷静さを失い、右往左往することが予想されます。

　このような状況の中で社員の安否を早く確認することはきわめて困難なことですが、安否の確認について、次のようなルールを定めておくのが現実的でしょう。

図表　大地震時の安否確認システム

①　社員は、所属課の課長または課次長に対して自分と家族の安否を報告する。報告は、地震発生後、一定時間内に行う
②　課長または課次長は、課員の安否を取りまとめ、部長または部次長に報告する。報告は、大地震発生後一定時間以内に行う
③　部長または部次長は、部員の安否を取りまとめ、人事部長または人事部次長に報告する。報告は、大地震発生後一定時間以内に行う
④　人事部長または人事部次長は、社員の安否を取りまとめ、社長・会長等に報告する。報告は、大地震発生後、一定時間内に行う

(2) 避難所等への避難報告

　大地震のときは、自宅が損壊したことなどにより市町村が開設する避難所や親兄弟の家などに避難する者が出ます。自宅を離れて避難所等へ避難した社員は、会社に、避難先とその所在地を報告するものとします。

③ 労使協定例

○○年○○月○○日

○○株式会社取締役社長○○○○

○○労働組合執行委員長○○○○

夜間・休日の大地震時の安否確認に関する労使協定

　○○株式会社（以下、「会社」という。）と○○労働組合（以下、「組合」という。）は、夜間・休日において震度6以上の大地震が発生したときの社員の安否確認について、次のとおり協定する。

1　所属課長への安否報告

　社員は、発生後30分以内にメールまたは電話で、所属課の課長に対して、自身および家族の安否を報告する。所属課長に連絡することができないときは、課次長に報告する。

2　所属部長への報告

　課長は、大地震発生後1時間以内に、課員の安否を取りまとめ、所属部長に報告する。所属部長と連絡が取れないときは、部次長に報告する。

3　人事部長への報告

　部長は、大地震発生後2時間以内に、部員の安否を取りまとめ、人事部長に報告する。人事部長と連絡が取れないときは、人事部次長に報告する。

4　社長への報告

　人事部長は、大地震発生3時間以内に、社員の安否を取りまとめ、

社長に報告する。

5　避難先の報告

　家屋の損壊等のために避難所、家族の家等に避難した者は、できる限り速やかに、避難先とその所在地を所属課長または課次長に報告する。

　本協定の有効期間は、○○年○○月○○日から 1 年とする。ただし、会社または組合が有効期間満了の 2 ヶ月前までに、相手方に対して異議を唱えないときは、さらに 1 年有効とし、以後も同様とする。

以上

第3節

大地震時の社内滞在の労使協定

① 労使協定の趣旨

　2011年３月に発生した東日本大震災のときは、公共交通機関の大半が運休し、家に帰ることのできない人（帰宅困難者）が多数でて、社会問題となりました。いま再び大地震が発生したら、あのときと同じ現象が発生する可能性があります。

　会社は、勤務時間中に大地震が発生し、帰宅することのできない社員がでたときは、帰宅できるようになるまで社内に滞在させることが望ましいといえます。また、そのような非常事態に備えて、日ごろから毛布や非常食等を一定数量備蓄しておくことも必要でしょう。

　通勤距離の長い社員は誰もが大地震のときの帰宅について、多かれ少なかれ不安を感じています。社内滞在を容認する労使協定の締結は、社員に安心感を与えます。

図表　社内滞在の容認の効果

○非常時に社員の生命と健康を守れる
○社員に安心感を与える
○その他

② 協定の内容

(1) 社内滞在の容認

　会社は、大地震のために公共交通機関の運休等によって社員が帰宅できなくなったときに、帰宅できるようになるまで社内に滞在することを容認する旨、協定します。

（協定例1）

○会社は、大規模地震で公共交通機関が運休した場合において、帰宅することが困難になった社員について、帰宅することができるようになるまで、一時的に社内に滞在することを容認する。

（協定例2）

○社員は、大規模地震の影響で電車、バス等が運休し帰宅することができなくなったときは、会社に申し出ることにより、電車、バス等が運行を開始するまで社内に留まることができる。

(2) 電気・ガス・水道の使用

　生活するうえで、電気、ガスおよび水道は必要不可欠です。

　社内に滞在する者について、電気、ガスおよび水道の使用を認める旨を協定するのが現実的です。

（協定例）

　社内に滞在する者は、必要最小限の範囲において、電気、ガスおよび水道を自由に使用することができる。

(3) 社内滞在者の注意事項

　社内に留まる者が守るべき事柄を協定するのがよいでしょう。

（協定例1）

○社内滞在者は、火災を発生させないように十分注意しなければなら

ない。

（協定例2）

○社内に留まる者は、次のことに注意しなければならない。

1　火災を発生させないこと

2　不審者が立ち入らないように注意すること。不審者を見つけたときは、退去を求めること

3　飲食は必要最小限に留めること

4　他の職場に立ち入らないこと

5　他の社員のパソコンおよび私有物に手を触れないこと

6　ごみを散乱させないこと

7　他の社内滞在者の迷惑になることをしないこと

⑷　退去

公共交通機関の運行が再開され帰宅できるようになったときは、帰宅するものとします。

（協定例1）

○公共交通機関の運行が再開されたときは、速やかに会社を退去し、帰宅しなければならない。

（協定例2）

①　電車、バス等の運行が再開されたときは、速やかに帰宅するものとする。

②　退去するときは、使用した場所を元の状態に戻すものとする。

③　最後に退去する者は、消灯し、戸締りをし、建物の施錠をしたうえで、鍵を警備員に返却する。

⑸　毛布・非常食等の備蓄

会社は、緊急事態の発生に備えて、毛布、非常食、飲料および救急

薬品等を一定数量備蓄することに努める旨、協定するのがよいでしょう。

③ 労使協定例

〇〇年〇〇月〇〇日

〇〇株式会社取締役社長〇〇〇〇

〇〇労働組合執行委員長〇〇〇〇

大地震時の社内滞在に関する労使協定

〇〇株式会社（以下、「会社」という。）と〇〇労働組合（以下、「組合」という。）は、大地震時の社内滞在について、次のとおり協定する。

1　大地震時の社内滞在

会社は、大地震によって交通機関の運休停止等で社員が帰宅できなくなったときに、一時的・臨時的に会社に滞在することを容認する。

2　電気・水道等の使用

社内に滞在する社員は、電気、ガス、水道等を自由に使用することができる。

3　社内滞在者の注意事項

社内に留まる者は、次のことに注意しなければならない。

①　火災を発生させないこと

②　不審者が立ち入らないように注意すること。不審者を見つけたときは、退去を求めること

③　飲食は必要最小限に留めること

④　他の職場に立ち入らないこと

⑤　他の社員のパソコンおよび私有物に手を触れないこと

⑥　ごみを散乱させないこと

⑦　他の社内滞在者の迷惑になることをしないこと

⑧　頻繁に社外に出ないこと

⑨　地震（余震）に最大限の注意を払うこと

4　帰宅

　社内滞在者は、公共交通機関の運行が再開され帰宅することが可能となったときは、速やかに退去し、帰宅しなければならない。

5　毛布・非常食等の備蓄

　会社は、非常事態に備え、毛布、非常食および飲料等を一定数量備蓄することに努めるものとする。

　本協定の有効期間は、○○年○○月○○日から１年とする。ただし、会社または組合が有効期間満了の２ヶ月前までに、相手方に対して異議を唱えないときは、さらに１年有効とし、以後も同様とする。

以上

第4節

大地震の避難訓練の労使協定

① 労使協定の趣旨

　政府機関の発表によれば、近い将来において大規模な地震が発生する確率が相当高いと見込まれています。

　大地震から身を守るためには、日ごろから避難訓練をして、避難経路と避難先を確認しておくことが必要です。避難訓練をしておけば必ず身の安全を確保できるという保証はありませんが、相当に高い確率で身を守ることができます。これまでの事例でも、このことが検証されています。平常時における避難訓練の必要性と重要性は、どれほど強調しても、強調しすぎることはないでしょう。

　社員・組合員の安全を確保するために、労使一体となって避難訓練に取り組むことが望ましいといえます。

② 協定の内容

(1) 避難訓練の実施

　毎年、消防署の協力を得て、全社員を対象とした大地震の避難訓練を実施する旨を協定します。

(2)　参加の義務

社員は、必ず避難訓練に参加しなければならないものとします。

図表　避難訓練の実施ポイント

○地元消防署の協力を得て実施する
○毎年1回、定期的に行う
○全員に参加を義務付ける
○あらかじめ避難先を全員に周知しておく
○フロアごとに避難誘導責任者を選任しておく
○訓練終了後に効果を検証し、問題点を次回の訓練で改善する

(3)　避難誘導責任者

避難を確実かつ効果的に行うため、フロアごとに避難誘導責任者を選任するのがよいでしょう。

③　労使協定例

〇〇年〇〇月〇〇日
〇〇株式会社取締役社長〇〇〇〇
〇〇労働組合執行委員長〇〇〇〇

大地震の避難訓練に関する労使協定

〇〇株式会社（以下、「会社」という。）と〇〇労働組合（以下、「組合」という。）は、大地震の避難訓練について、次のとおり協定する。

1　避難訓練の実施

会社は、毎年、消防署の協力を得て、全社員を対象とした大地震の避難訓練を実施する。

2　参加の義務

社員は、必ず避難訓練に参加しなければならない。

3　避難誘導責任者の選任

避難を確実かつ効果的に行い、社員の安全を確保するため、フロアごとに避難誘導責任者を選任し、次の業務を行わせる。

(1)　避難の指示

(2)　全員避難の確認

(3)　避難の誘導

(4)　避難先においての社員の安否の確認

(5)　その他避難に関すること

本協定の有効期間は、○○年○○月○○日から１年とする。ただし、会社または組合が有効期間満了の２ヶ月前までに、相手方に対して異議を唱えないときは、さらに１年有効とし、以後も同様とする。

以上

第**11**章

その他の労使協定

第1節

禁煙手当の労使協定

① 労使協定の趣旨

働く者の中には、喫煙者が少なくありません。中には、「ヘビースモーカー」と呼ばれる人もいます。

喫煙は、健康に良くありません。煙草の煙を吸い込む人の健康にも好ましくない影響を与えるといわれます。

最近は、喫煙できる場所を限定するなど、社員の禁煙に積極的に取り組む会社が増えています。

しかし、喫煙は、嗜好と生活習慣に深く結び付いているため、禁煙は容易ではありません。喫煙期間が長ければ長いほど、禁煙は難しくなります。

禁煙を推進する1つの試みが禁煙手当の支給です。これは、禁煙を宣言した社員に対して、一定期間、一定の手当を支給するというものです。会社にふさわしい禁煙促進策といえるでしょう。

② 協定の内容

(1) 禁煙手当の支給

はじめに、禁煙を宣言した社員（会社に禁煙を申し出た者）に禁煙

手当を支給することを協定します。

(2) 禁煙手当の支給額と支給期間

禁煙手当の支給額と支給期間を協定します。

喫煙者に対して禁煙を促すという観点からすると、禁煙手当の金額を高くするのが効果的です。しかし、手当を高くすると、もともと喫煙しない社員とのバランスが取れなくなり、不公平が生じます。一般的・常識的に判断して、1,000～3,000円程度（月額）とするのが妥当でしょう。

支給期間は、宣言後6ヶ月～1年程度とするのが妥当でしょう。

(3) 禁煙誓約書の提出

禁煙の実施には、強い決意が必要です。本人の決意を確認するため、禁煙の誓約書の提出を求めるのがよいでしょう。

（誓約書例1）

○今後はタバコをいっさい喫わないことを誓約します

（誓約書例2）

○煙草が健康に及ぼす影響に配慮し、今後喫煙しないことを誓います

(4) 禁煙手当の支給停止

禁煙手当の支給を受けている者が喫煙したときは、禁煙手当の支給を停止することを協定します。

③ 労使協定例

○○年○○月○○日

○○株式会社取締役社長○○○○

○○労働組合執行委員長○○○○

禁煙手当に関する労使協定

　〇〇株式会社（以下、「会社」という。）と〇〇労働組合（以下、「組合」という。）は、禁煙手当について、次のとおり協定する。

1　禁煙手当の支給

　会社は、禁煙を支援するため、禁煙する社員に対して禁煙手当を支給する。

2　禁煙手当の支給額と支給期間

　禁煙手当は、月額2,000円とし、禁煙を申し出た月の翌月から1年間支給する。

3　誓約書の提出

　禁煙手当の支給を希望する者は、禁煙誓約書を会社に提出するものとする。

4　禁煙手当の支給停止

　禁煙手当の支給を受けている者が喫煙したときは、以後、禁煙手当の支給を停止する。

　本協定の有効期間は、〇〇年〇〇月〇〇日から1年とする。ただし、会社または組合が有効期間満了の2ヶ月前までに、相手方に対して異議を唱えないときは、さらに1年有効とし、以後も同様とする。

以上

第 2 節

旧姓使用の労使協定

(1) 労使協定の趣旨

　結婚すると、戸籍上の姓が変更になります。しかし、社員の中には、結婚しても旧姓を使用することを希望する者が少なくないと思われます。

　旧姓の使用は、「顧客との営業関係を円滑に継続することができる」などのメリットがあります。

　旧姓の使用を認めるときは、その取扱基準を労使で合意しておくことが望ましいといえます。

(2) 協定の内容

(1) 旧姓の使用

　はじめに、「社員は、結婚等によって戸籍上の姓が変更になった場合においても、会社に届け出ることにより旧姓を使用することができる」と明記します。

(2) 改名等の使用制限

　次のものは、旧姓として取り扱わないものとするのがよいでしょ

う。

図表　旧姓とは認めないもの

●私的な改名
●俗称
●ペンネーム
●その他社会的・常識的に判断して旧姓とは認めがたいもの

⑶　旧姓を使用できる範囲

　業務の内容を踏まえて、旧姓を使用できるものの範囲を具体的に協定します。

⑷　旧姓の使用を認めないもの

　次のものについては、旧姓の使用を認めないものとします。

図表　旧姓の使用を認めないもの

○給与の振込口座
○税務関係の書類
○社会保険関係の書類

③　労使協定例

○○年○○月○○日

○○株式会社取締役社長○○○○

○○労働組合執行委員長○○○○

旧姓使用に関する労使協定

　○○株式会社（以下、「会社」という。）と○○労働組合（以下、

「組合」という。）は、旧姓使用について、次のとおり協定する。

1　旧姓の使用

　社員は、結婚等によって戸籍上の姓が変更になった場合においても、会社に届け出ることにより旧姓を使用することができる。

2　改名等の使用制限

　次のものは、旧姓として取り扱わない。

(1)　私的な改名

(2)　俗称

(3)　ペンネーム

(4)　その他社会的・常識的に判断して旧姓とは認めがたいもの

3　旧姓を使用できる範囲

　旧姓を使用できるものは、次のとおりとする。

(1)　ネームプレート

(2)　社員証明書

(4)　タイムカード、出勤簿

(5)　名刺、対外的呼称

(6)　社内外への発信文書、メール

(7)　日付印、印鑑

(8)　報告書、申請書、届出書、伝票

(9)　辞令

4　旧姓の使用を認めないもの

　次のものについては、旧姓の使用を認めない。

(1)　給与の振込口座

(2)　税務関係の書類

(3)　社会保険関係の書類

　本協定の有効期間は、〇〇年〇〇月〇〇日から1年とする。ただし、会社または組合が有効期間満了の2ヶ月前までに、相手方に対して異議を唱えないときは、さらに1年有効とし、以後も同様とする。

以上

第 3 節
不妊治療と仕事の両立支援の
労使協定

（1）　労使協定の趣旨

「子どもを産みたい」という強い希望がありながら不妊症のために子どもを産むことのできない社員が少なくありません。

周知のように近年不妊治療が社会的な課題になっています。このような流れの中で、会社は、社員が不妊治療を受けやすい職場環境を作ることが求められています。労働組合の理解と協力を得て、不妊治療と仕事の両立支援に取り組むことが強く望まれるところです。

図表　不妊治療と仕事の両立支援の効果

○会社の社会的責任を果たすことができる
○不妊治療を理由とする社員の退職を防止することができる
○不妊症の社員の能力と知識・経験を有効に活用することができる
○不妊症の社員の勤労意欲の向上を図ることができる
○その他

（2）　協定の内容

(1)　不妊治療と仕事の両立支援

はじめに「会社は、不妊治療と仕事の両立を積極的・組織的に支援

する」と明記するのがよいでしょう。

⑵　両立支援策

会社が講ずる両立支援策の内容を協定します。

図表　一般的な治療と仕事の両立支援策

○一定の期間（例えば、3年程度）内で、年間5日程度の不妊治療休暇を与える
○不妊治療のために一定期間休職することを認める
○一定の期間（例えば、3年程度）、毎年一定の金銭補助を行う
○両立支援策の相談窓口を設ける

③　労使協定例

〇〇年〇〇月〇〇日

〇〇株式会社取締役社長〇〇〇〇

〇〇労働組合執行委員長〇〇〇〇

不妊治療と仕事の両立支援に関する労使協定

〇〇株式会社（以下、「会社」という。）と〇〇労働組合（以下、「組合」という。）は、不妊治療と仕事の両立支援について、次のとおり協定する。

1　不妊治療と仕事の両立支援
　会社は、不妊治療と仕事の両立を積極的・組織的に支援する。

2　支援の対象者
　支援の対象者は、会社に支援を申し出た者全員とする。

3　不妊治療休暇の付与

　対象社員に対して、1 年間 5 日の不妊治療休暇を付与する。付与期間は、支援を申し出た日から 3 年間とする。不妊治療休暇は、有給扱いとする。

4　不妊治療休職

　対象者が申し出たときは、不妊治療のために休職することを認める。休職期間は最長 1 年とし、支援を申し出た日から 3 年の間に取得するものとする。休職は、無給扱いとする。

5　不妊治療補助金の支給

　対象者に対して、年間 2 万円の不妊治療補助金を支給する。支給期間は、支援を申し出た日から 3 年間とする。

6　相談窓口の設置

　会社は、不妊治療と仕事の両立支援の相談窓口を人事課に設置する。社員は、いつでも相談することができる。相談者の氏名および相談内容は、秘密扱いとする。

　本協定の有効期間は、○○年○○月○○日から 1 年とする。ただし、会社または組合が有効期間満了の 2 ヶ月前までに、相手方に対して異議を唱えないときは、さらに 1 年有効とし、以後も同様とする。

以上

第4節

人事考課の労使協定

① 労使協定の趣旨

　給与・賞与や昇進・昇格の決定に当たっては、職務遂行能力、日ご
ろの勤務態度および仕事の成績（仕事の質と量）を反映させるのが合
理的です。会社の業績への貢献度が社員によって異なるにもかかわら
ず、平等に処遇するというのは合理的とはいえません。このため、多
くの会社が人事考課を実施しています。

　人事考課は適正な給与管理・人事管理を行ううえで必要不可欠で
す。しかし、会社の判断と裁量で行われるため、社員の間において不
安・不満や疑問が多いのが現実でしょう。社員の大半が人事考課に満
足し、納得しているという会社は少ないでしょう。

　人事考課について社員が不安や不満を持っているにもかかわらず、
制度を運用し続けるのは好ましくありません。人事考課制度の運用に
関して、労働組合との間で一定の合意を形成しておくことが望ましい
といえます。

図表　人事考課に対する不安・不満

●会社はどのような能力・態度を評価するのか

●自分は他の社員よりも厳しく査定されているのではないか

●課長は部下を正しく評価しているだろうか

●部門間で評価に甘辛があったときに、調整が行われるのだろうか

●人事考課の結果は黙って受け入れるしか方法はないのか

●その他

② 協定の内容

(1)　考課項目の公表

　社員の中には、人事考課の項目に不安を感じている者が少なくないといわれます。このため、毎年、人事考課の項目を社員に公表する旨協定するのがよいでしょう。

(2)　二次考課の実施

　人事考課の公正性を確保するため、

　　・下位の役職者による一次考課

　　・上位の役職者による二次考課

というダブル考課制度を採用するのがよいでしょう。

図表　一次考課と二次考課との間に差異が生じたときの調整方法

①	一次考課を採用する
②	二次考課を採用する
③	一次考課と二次考課の平均点を採用する

⑶　部門間の考課結果の調整

　合理的な理由がないにもかかわらず、部門間において人事考課の結果に大きな差異があったときは、会社の判断によって、その差異の調整を行うのがよいでしょう。

図表　部門間の考課の格差の調整方法

①　点数の高い部門の点数を全社平均点まで引き下げる
②　点数の低い部門の点数を全社平均点まで引き上げる
③　点数の高い部門の点数を引き下げるとともに、低い部門の点数を引き上げる

⑷　考課結果のフィードバック

　人事考課の結果のフィードバックの取り扱いを協定します。

図表　フィードバックの取り扱い

①　いっさいフィードバックしない
②　希望する社員にだけフィードバックする
③　会社が必要と認めた社員にだけフィードバックする
④　全員にフィードバックする

⑸　考課結果に対する苦情の申出

　社員は、人事部に対して、自己の考課についての苦情を申し出ることができる旨協定するのがよいでしょう。苦情の申出があったときは、人事部は、関係者の話を聞くなどして適切に対応するものとします。

③ 労使協定例

〇〇年〇〇月〇〇日

〇〇株式会社取締役社長〇〇〇〇

〇〇労働組合執行委員長〇〇〇〇

人事考課に関する労使協定

〇〇株式会社（以下、「会社」という。）と〇〇労働組合（以下、「組合」という。）は、人事考課について、次のとおり協定する。

1　考課項目の公表

会社は、毎年 4 月に、人事考課の項目を社員に公表する。

2　二次考課の実施

人事考課については、その公正性を確保するため、被考課者の直属の役職者が一次考課を行い、その役職者の上位の役職者が二次考課を実施する。一次考課と二次考課との間に差異があったときは、一次考課と二次考課との平均点を採用する。

3　部門間の考課結果の調整

合理的な理由がないにもかかわらず、部門間において人事考課の結果に大きな差異があったときは、会社の判断によって、その差異の調整を行う。

4　考課結果のフィードバック

被考課者が上司に対して人事考課の結果のフィードバックを請求したときは、上司は結果を本人に知らせるものとする。

5　考課結果に対する苦情の申出

　社員は、人事部に対して、自己の考課についての苦情を申し出ることができる。苦情の申出があったときは、人事部は、関係者の話を聞くなどして適切に対応するものとする。

　本協定の有効期間は、〇〇年〇〇月〇〇日から１年とする。ただし、会社または組合が有効期間満了の２ヶ月前までに、相手方に対して異議を唱えないときは、さらに１年有効とし、以後も同様とする。

以上

第 5 節
男性社員の育児休職促進の
労使協定

① 労使協定の趣旨

　育児と仕事の両立を支援するために育児・介護休業法は、会社の規模や業種のいかんを問わず、すべての会社に対して育児休業（休職）を義務付けています。会社は、社員から請求されたときは、育児休業を認めることが必要です。

　「男女共生社会の実現」という趣旨からすると、男女にかかわらずすべての社員が育児休職を取得することが望ましいといえます。ところが実際には、男性の育児休職の取得は、女性に比較して相当に低い水準にとどまっています。

　会社は、労働組合と手を携えて、男性社員の育児休職の取得促進に積極的に取り組むことが求められています。

② 協定の内容

　男性社員の育児休職を高めるための方策を協定します。

　当然のことですが、育児・介護休業法の育児休業の規定は男女双方に適用されます。したがって、育児休職の取得条件（取得できる者の範囲）、休職期間、休職回数などは、男女共通とする必要があります。このような条件の中で男性社員の育児休職の取得率を向上させる

ことは容易ではありませんが、各社の実例を見ると、次のようなものがあります。

図表　男性社員の育児休職を高める方策

○出産予定の配偶者がいる男性社員への育児支援制度のリーフレットの配布
○男性社員に対する育児休職取得の声掛け
○育児休職についての相談窓口の設置
○男性社員の育児休職取得率の目標の設定
○その他

③ 労使協定例

〇〇年〇〇月〇〇日

〇〇株式会社取締役社長〇〇〇〇

〇〇労働組合執行委員長〇〇〇〇

男性社員の育児休職促進に関する労使協定

〇〇株式会社（以下、「会社」という。）と〇〇労働組合（以下、「組合」という。）は、男性社員の育児休職促進について、次のとおり協定する。

1　育児支援リーフレットの交付

会社は、配偶者が出産予定の男性社員に対して、育児休職その他の育児と仕事の両立支援策を解説したリーフレットを交付する。

2　育児休職の取得の奨励

会社は、配偶者が出産予定の男性社員に対して、育児休職をするよう奨励する。

3　相談窓口の設置

　会社は、育児休職制度についての社員の相談窓口を人事部に設置する。

　本協定の有効期間は、○○年○○月○○日から１年とする。ただし、会社または組合が有効期間満了の２ヶ月前までに、相手方に対して異議を唱えないときは、さらに１年有効とし、以後も同様とする。

以上

第6節

副業の労使協定

① 労使協定の趣旨

　これまでは、「会社の業務に影響を与える」などの理由から社員の副業を禁止するのが一般的でした。しかし、最近は、

- ・長期にわたって昇給が抑制され、社員の所得が伸びていない
- ・消費者物価の上昇で生活が苦しくなっている
- ・自由時間が増加している

などの事情に配慮して、副業を容認する会社が増えているといわれます。

　経営者や人事担当者の中には、「副業は、社員の視野や見識を豊かにする」と、副業の効果を評価する人もいます。

　会社として副業を容認するときは、その取扱基準について労働組合と合意を形成しておくのがよいでしょう。

② 協定の内容

(1) 禁止する副業

　副業を容認するとしても、社員の安全や会社の信用を考えると、次の副業は禁止するのがよいでしょう。

図表　禁止する副業

●危険または有害な業務

●身体的または精神的な負荷の大きい業務

●長時間に及ぶ業務

●会社の営業上の秘密が漏洩する恐れのあるもの

●会社と競業する業務

●会社の信用と名誉を低下させる恐れのある業務

(2)　会社への届出事項

　会社は、使用者として社員の副業の内容を掌握しておく必要があります。このため、副業をする社員に対して次の事項を届け出ることを求めます。

図表　会社への届出事項

1　会社名・事業所名、所在地

2　業務の内容

3　1日の勤務時間数、1週の勤務日数

4　副業の開始日

5　その他必要事項

(3)　勤務時間等の定期報告

　会社は、使用者として副業の時間等を把握する必要があります。このため、副業を開始した社員に対して、次の事項を毎週1回、会社に報告することを求めます。

①　勤務日、勤務時間

②　業務内容

⑷　税務処理

　社員は、副業で得た所得について適正に税務処理（申告・納税）を行わなければならないことを協定します。

⑸　会社の免責事項

　会社は、次のことについて、いっさい責任を負わないことを協定するのがよいでしょう。

図表　会社の免責事項

●社員と副業先とのトラブル
●社員と副業先の顧客とのトラブル
●副業中の事件・事故

⑹　副業の中止命令

①　業務への悪影響

　当然のことですが、副業は本来の業務に影響を与えない範囲で行われるべきです。

　しかし、実際には会社の業務に好ましくない影響を与えることがあります。例えば、図表に示すとおりです。

図表　業務への悪影響の例

●疲労のために欠勤、遅刻が増加する
●疲労のため、仕事の能率が低下する
●集中力が低下し、ミスやエラーが増える
●仕事の質が低下する
●その他

②　副業の中止等の勧告

　副業が会社の業務に支障を与えていることが確認されたときは、副業の中止等を勧告します。

図表　勧告の内容

(1)　副業時間の短縮
(2)　副業先の変更
(3)　副業内容の変更（他の副業への変更）
(4)　副業の中止
(5)　その他

③　副業の中止命令

　本人が会社の勧告に従わず、改善が図られないときは、副業を中止するように命令します。

(7)　副業の禁止事項

　会社の顧客リストを副業で利用したり、勤務時間中に副業先へ電話を入れたりするようなことがあってはなりません。副業をする社員について、「してはならないこと」（禁止事項）を協定するのがよいでしょう。

（協定例①）

○副業をする社員は、次に掲げることをしてはならない。

　・会社の顧客リストを副業において利用すること

　・会社の顧客に対して、副業先の顧客となることを勧誘すること

　・勤務時間中に副業に関連する業務をすること

　・他の社員に対して副業に参加することを勧誘すること

（協定例②）

○副業をする者は、会社の取引先に対して、副業先の店舗の利用を勧誘したり、副業先の取扱商品の販売をしたりしてはならない。

（協定例③）

○社員は、就業時間中に、副業先へメールをしたり、電話を掛けたりするなど、副業に関することは、いっさいしてはならない。

③　労使協定例

○○年○○月○○日

○○株式会社取締役社長○○○○

○○労働組合執行委員長○○○○

副業に関する労使協定

　○○株式会社（以下、「会社」という。）と○○労働組合（以下、「組合」という。）は、社員の副業について、次のとおり協定する。

1　副業の容認

　会社は、社員が時間外または休日に副業をすることを容認する。ただし、次に掲げる副業はしてはならない。

(1)　危険または有害な業務

(2)　身体的または精神的な負荷の大きい業務

(3)　長時間に及ぶ業務

(4)　会社の営業上の秘密が漏洩する恐れのあるもの

(5)　会社と競業する業務

(6)　会社の信用と名誉を低下させる恐れのある業務

2　会社への届出事項

　社員は、副業をするときは、あらかじめ次の事項を届け出なければならない。

(1)　会社名・事業所名、所在地

(2)　業務の内容

(3)　1日の勤務時間数、1週の勤務日数

(4)　副業の開始日

(5)　その他必要事項

3　勤務時間等の定期報告

　副業を開始したときは、次の事項を毎週1回、会社に報告しなければならない。

(1)　勤務日、勤務時間

(2)　業務内容

4　税務処理

　社員は、副業で得た所得について適正に税務処理（申告・納税）を行わなければならない。

5　会社の免責事項

　会社は、次のことについて、いっさい責任を負わない。

(1)　社員と副業先とのトラブル（給与・勤務時間等のトラブル）

(2)　社員と副業先の顧客とのトラブル

(3)　副業中の事件・事故

6　副業の禁止事項

　副業をする社員は、次のことをしてはならない。。

(1)　会社の顧客リストを副業において利用すること

(2)　会社の顧客に対して、副業先の顧客となることを勧誘すること

(3)　勤務時間中に副業に関連する業務をすること

(4)　他の社員に対して副業に参加することを勧誘すること

7　副業の中止等の勧告

　会社は、勤務状況（欠勤、遅刻、早退等）および勤務成績（仕事の質、仕事の量）その他から判断して副業が会社の業務に好ましくない影響を与えていることが確認されたときは次のいずれかを勧告することがある。

(1)　副業時間の短縮

(2)　副業先の変更

(3)　副業内容の変更

(4)　副業の中止

(5)　その他

8　副業の中止命令

　会社は、副業の中止等の勧告に従わず、かつ、業務への悪影響が継続しているときは、中止命令を出すものとする。

　本協定の有効期間は、〇〇年〇〇月〇〇日から1年とする。ただし、会社または組合が有効期間満了の2ヶ月前までに、相手方に対して異議を唱えないときは、さらに1年有効とし、以後も同様とする。

　　　　　　　　　　　　　　　　　　　　　　　　　　　　以上

第 7 節

節電対策の労使協定

① 労使協定の趣旨

　近年、原子力発電所の多くが稼働を停止していることなどから電力の需給バランスがひっ迫し、政府や電力会社から節電が呼びかけられています。

　会社は、節電に協力する義務があります。

　節電について労使協定を結び、労使一体となって取り組むのがよいでしょう。

② 協定の内容

(1) 節電対策

　会社として実施する節電対策を協定します。

図表　一般的な節電対策

1	冷房・暖房の抑制
2	室内の照明の抑制
3	パソコンその他の事務機器の省電力化
4	その他

⑵　社員の努力義務

社員の努力義務を協定します。

図表　社員の努力義務

1	室内照明を抑制すること。休憩時間は消灯すること
2	20分以上パソコンを使用しないときは、電源を切ること
3	時間外勤務・休日勤務の削減
4	節水
5	その他節電に役立つこと

③　労使協定例

○○年○○月○○日

○○株式会社取締役社長○○○○

○○労働組合執行委員長○○○○

節電対策に関する労使協定

○○株式会社（以下、「会社」という。）と○○労働組合（以下、「組合」という。）は、節電対策について、次のとおり協定する。

1　節電対策

会社は、節電のため、次の措置を講ずる。

⑴　冷房・暖房の抑制

⑵　室内の照明の抑制

⑶　パソコンその他の事務機器の省電力化

⑷　その他

2　組合の協力

　組合は、会社の節電対策に全面的に協力する。

3　社員の努力義務

　社員は、日ごろから次のことに努めなければならない。

(1)　室内照明を抑制すること。休憩時間は消灯すること

(2)　20分以上パソコンを使用しないときは、電源を切ること

(3)　時間外勤務・休日勤務の削減

(4)　節水

(5)　その他節電に役立つこと

　本協定の有効期間は、○○年○○月○○日から 1 年とする。ただし、会社または組合が有効期間満了の 2 ヶ月前までに、相手方に対して異議を唱えないときは、さらに 1 年有効とし、以後も同様とする。

以上

【著者紹介】

荻原　勝（おぎはら　まさる）

東京大学経済学部卒業。人材開発研究会代表。経営コンサルタント

〔著書〕

『選択型人事制度の設計と社内規程』、『コロナ禍の社内規程と様式』、『残業時間削減の進め方と労働時間管理』、『就業規則・給与規程の決め方・運用の仕方』、『働き方改革関連法への実務対応と規程例』、『人事考課制度の決め方・運用の仕方』、『人事諸規程のつくり方』、『実務に役立つ育児・介護規程のつくり方』、『人件費の決め方・運用の仕方』、『賞与の決め方・運用の仕方』、『諸手当の決め方・運用の仕方』、『多様化する給与制度実例集』、『給与・賞与・退職金規程』、『役員・執行役員の報酬・賞与・退職金』、『新卒・中途採用規程とつくり方』、『失敗しない！新卒採用実務マニュアル』、『節電対策規程とつくり方』、『法令違反防止の内部統制規程とつくり方』、『経営管理規程とつくり方』、『経営危機対策人事規程マニュアル』、『ビジネストラブル対策規程マニュアル』、『社内諸規程のつくり方』、『執行役員規程と作り方』、『執行役員制度の設計と運用』、『個人情報管理規程と作り方』、『役員報酬・賞与・退職慰労金』、『取締役・監査役・会計参与規程のつくり方』、『人事考課表・自己評価表とつくり方』、『出向・転籍・派遣規程とつくり方』、『IT 時代の就業規則の作り方』、『福利厚生規程・様式とつくり方』、『すぐ使える育児・介護規程のつくり方』（以上、経営書院）など多数。

多様な働き方に対応した労使協定のつくり方

2023年7月12日　第1版第1刷発行　　　定価はカバーに表示してあります。

著　者　　荻　原　　勝
発行者　　平　　盛　之

発　行　所

㈱産労総合研究所

出版部 経営書院

〒100-0014　東京都千代田区永田町1-11-1
三宅坂ビル
電話　03-5860-9799
https://www.e-sanro.net

印刷・製本　藤原印刷株式会社
ISBN978-4-86326-363-5　C2034